船津欣弘

新築マンションは9割が欠

JN157867

GS
幻冬舎新書
420

はじめに

みなさんに質問です。
もしマンションを購入するとしたら、何を最優先に選びますか？「価格」でしょうか。予算あっての購入ですから重要ですよね。「最寄り駅からの距離」や「周辺環境」も住みやすさを考えると優先項目でしょう。あるいは「専有面積の広さ」や「間取り」が大事、という方もいらっしゃると思います。

多くの方にとって一生ものの買い物である住まい。マイホームを手に入れることは、大きな夢です。こんな街のこんな住まいで、こんなふうに暮らしたい……。誰しも一度は希望を思い描くでしょう。それゆえ、見た目のよさや住環境のほうに意識がいってしまうのもよくわかります。

　でも、もしこれらの項目だけでマンション購入を考えているとしたら、要注意。**いま、問題になっている「欠陥マンション」を手にしてしまう危険性があるからです。**

　私はマンションに限らず戸建て住宅などの建築物が、設計図書通りに正しく建てられているか、欠陥や不備がないかを建設中・完成後を問わず現場に出向き、施工状況を検査する「建築検査」を専門に13年間従事してきました。これまでに検査に携わった建物は、案件数で延べ1000件以上にのぼります。

　その経験から、みなさんにお伝えしたいことはひとつ。

「マンションは『品質』を最優先に選びましょう」

　ということです。

　マンションの価値は立地で決まるとよくいいます。しかし、私は建物としての品質、つまり、耐久性や耐震性能といった構造の品質で価値をはかるべきだと考えています。どんなに交通至便、恵まれた周辺環境にあっても、また最新の設備や魅力的な間取りであっても、建物の安全性や耐久性を確保するための部分に不備があったら、その価値は大きく損なわれてしまうからです。

思い出してください。私たちにはすでにその教訓があります。

2005年に発覚した構造計算書偽装問題（いわゆる姉歯事件）。巻き込まれたマンションの多くは耐震強度不足により、建て替えや解体を余儀なくされました。

また、**昨年から今年にかけては社会を震撼させるほどの欠陥マンション問題が繰り返し起きています。**「パークシティLaLa横浜」の杭施工データ改ざん事件をはじめ、同じく横浜市内の「パークスクエア三ツ沢公園」では杭データ偽装による傾斜が発覚。どちらも全棟建て替えが予定されています。建て替えには、解体、全住民の仮住まいへの引っ越し、工事着工から完了まで少なくとも5年はかかるといわれており、損害賠償も含めて全費用が支払われる見込みですが、さまざまな負担が住民のみなさんにかかってくるものと思われます。

対岸の火事だと思いますか？　自分はそうした被害をこうむることはない。自信をもってそう断言できるでしょうか。

不安を煽りたいわけではありません。ただ、欠陥マンションを買ってしまったばかりに長年苦しむことになる人を一人でも少なくしたいと思っているのです。そうした考えから本書では、「品質の高いマンションこそが資産性に優れたマンションである」とのスタンスに立ち、**高品質のマンションを購入するためのノウハウを伝授したいと思います。**

マンション購入に関する情報はたくさんあります。ただ、その多くは立地や間取り、設備などに関するものであったり、不動産価値視点からのお買い得物件や今後値上がりが期待できる物件はどんなものかといった内容がほとんど。そうした情報も役立つとは思いますが、あくまでもそれらは欠陥のない品質の確かなマンションであって初めて検討できる要素です。

私は建築物の検査で、さまざまな施工不良、欠陥のある物件を山ほど見てきました。この「はじめに」を書いている現在も、完成後の集合住宅の検査で、地震の衝撃から建物を守るために重要な部位である「耐震スリット」の施工不備を見つけたばかりです。日々、こうした建築検査を行うなかで強く思うのは、「欠陥問題は今後もなくならないだろう」ということです。

欠陥マンションを生む要因はひとつではありません。建築業界の構造や法律の不整備などさまざまな問題が複雑に絡み合って起きています。また、マンションの構造部分は完成してしまったら確認することができないブラックボックス。これも建物における欠陥がなかなかなくならない原因のひとつです。

そのような状況で、消費者がとるべき対処法とは何か。重要なことは、みなさん自身が必要な知識と知恵を得ることだと考えます。

そこでこの本では、**なぜ欠陥問題が繰り返されるのか、建築業界が抱える問題の本質を解き明かすことから始めます。**業界をとりまく現状を知ることは、マンションはもちろん、戸建てや賃貸を含めた「住宅」の選択に必ず役立つに違いありません。

そのうえで、どうすれば品質の確かなマンションを手に入れられるか。その具体的ノウハウに加え、不幸にも自分のマンションに不具合が見つかった場合の解決策について述べていきます。先にお伝えしますが、**万一あなたの住まいが欠陥マンションだったとしても必ず解決策がありますから、どうぞご安心ください。**

なお、本書は建築を学ぶのではなく、一般消費者のみなさんが将来にわたって納得のいく選択をするために必要な知識を伝授することが目的です。したがって、専門家と呼ばれる方が読むと突っ込まれそうな表現もあるかと思いますが、あえてわかりやすい言葉や例を用いて書き進めていきます。

また、現場所長さんや現場担当者さんなど建築業界で働く人たちを敬称略で表現します。あらかじめご承知おきください。

住まいは、私たちの安全を守る場所であり、日々心から安らげる空間でもあります。そしてなにより私たちの人生を守り支える重要な道具であるともいえます。

本書が、みなさんにとって価値のある住まいで幸せに暮らす一助となれば幸いです。

新築マンションは9割が欠陥／目次

はじめに 3

第一章 欠陥住宅は今後もなくならない 15

なぜ偽装が起こってしまうのか 16
複雑すぎる下請け多重構造 19
孫請け、ひ孫請け構造が生む賃金格差 20
低賃金・重労働・社会保障なしの現場仕事 24
劣悪な労働環境がモラル低下を招く 27
ベテランばかりが減っていく深刻な人材不足 29
待遇改善に動き出した建築業界、しかし…… 32
工期厳守がミスを招く 34
「大手だから安心」が命取りに 36
「管理」「監理」の徹底が最重要 40
億ションのずさんすぎる欠陥 43
誰もチェックしていなかった 46
欠陥がありすぎるゆえに起こる「隠ぺい」 47

欠陥マンションが生まれる5大要因 48
いちばん悪いのは誰なのか 50
性善説に拠った建築基準法を改めよ 55

第二章 新築信仰があなたを不幸にする 59

新築マンションはリスク？ 60
「いまが買いどき」というセールストークに惑わされない 63
新築マンションは住んだ瞬間から価値が下がる 65
購入と賃貸、そのコストを比較 68
2022年、地価が大暴落？ 70
マンション大崩壊時代の到来 71
買ったつもり貯蓄のすすめ 74
中古マンションのメリット・デメリット 79
狙い目の中古物件の条件とは 81
中古マンション購入の際にチェックすべき4つのこと 85
老朽化マンションは建て替え不能？ 94
マンションは供給過剰から価格暴落へ 98

ストレスフルな住民同士のトラブル 100
持ち家幻想は捨てるべき時代に 102

第三章 マンション価値を下げない業者の選び方 105

デベロッパー編 106
信頼できる会社、できない会社 106
そもそも、デベロッパーの役割って? 107
イメージ戦略に騙されてはいけない 109
大手の品質管理体制を診断する 111
リーマンショックを契機にますます手薄になる「管理」 115
欠陥が発覚した直後が狙い目 120
過失をなかなか認めず、認めたら手厚い大手 121
同一グループが手掛ける物件は比較的安心 124
「完成売り」なら安心なのか 126
チラシから見抜くべきこと 128

ゼネコン編 134

安心できる会社、できない会社 134
検査とは一体何をするのか 138
涙ぐましい努力をしてきた某ゼネコン 140
「自主検査」だけでは検査にならない 142
検査に予算をきちんと割くことの大切さ 144

第四章 欠陥マンションから身を守る技術 147

欠陥は〝あること前提〟で考える 148
知っておきたい契約書のチェック事項 150
欠陥問題に巻き込まれないための、さらなる防衛策 157
検査回数は多いほど安心 160
インスペクション会社利用時の注意点 162
ゼネコンの経営体力も確認せよ 163
デベロッパー&ゼネコンに直接メールを 165
管理組合を面倒くさがらない 167
自分で欠陥を見つける方法 169
こんな現象だったら心配なし 174

不幸にも欠陥が見つかったら…… 175

第五章 欠陥問題をなくすための処方箋 179

欧米のインスペクター制度に学べ 180
あいまいすぎる建築基準法にメスを 183

品質重視のマンション選びチェックリスト&
欠陥マンション診断チェックリスト 186

おわりに 187

編集協力 山田真由美
DTP 美創

第一章　欠陥住宅は今後もなくならない

なぜ偽装が起こってしまうのか

欠陥問題はなぜ繰り返されるのか。その原因を突き止めるには、まず建築業界の実態から話を始めねばなりません。そこで、2015年10月に発覚した横浜のマンション「パークシティLaLa横浜」の杭施工データ改ざん事件による傾斜問題を振り返りながら、欠陥マンションが生み出される背景を探ることにします。

そもそも杭打ち工事は建物の基礎を支える重要な工程です。建築基準法ではマンションなどの大きな建築物に対して、基礎の底部が良好な地盤（支持層）に達するよう定めています。杭が必要な場合はその杭の先端が該当しますが、問題となったマンションでは、4棟あるうちの1棟で支持層に届いていない杭が8本見つかりました。本来、その建物を支える支持層にしっかり固定されているはずの杭が、地中で浮いているような状態です。これでは法律に定められた耐震基準を満たさない可能性があり、震度7クラスの大地震が起きたら、最悪の場合は倒壊の怖れがあります。

事の発端は、マンションの住民が、渡り廊下でつながっている別棟との接合部分にあ

る手すりに生じた「ずれ」に気づいたことがきっかけでした。放置され続ければ、さらに「ずれ」は進行しますし、大きな地震が発生すれば、その影響で接合部にある部材の破損や、手すり壁相互が接触し破損してしまうことも考えられます。破損部が落下すれば人命にかかわるかもしれません。しかも、その後の調査で、問題があったのは8本だけではないことが判明し、ほかにも施工データが改ざんされた杭が多数発見されていました。

杭の施工不良は、マンションの安全性を揺るがす致命的な問題。建築業界に身を置く人間なら、いずれ大問題に発展することはわかっていたはずです。にもかかわらず、いったいなぜ偽装を犯したのでしょうか。

同じ疑問は10年前に大きな社会問題となった「耐震偽装事件」にもいえることです。簡単に概要を振り返っておきます。

元一級建築士の姉歯秀次氏が構造計算書（建築物にかかるさまざまな荷重とその安全性を計算し、まとめた書類）の耐震強度をあたかも法で定められた基準値を満たしているかのように偽装。それを行政も民間の検査機関も見抜けないまま、建築が許可され、耐震強度不足のマンションが全国各地で建設・販売されることになりました。

その後、偽装が明らかになると、国土交通省はそれらの建物に対して使用を禁止。多くの住民が退去を余儀なくされましたが、**購入費の全額を払い戻すべき事業主（デベロッパー）にその賠償能力はなく、国や自治体の対応も不十分なまま。住民は多額のローンを抱えた状態で退去せざるを得ないなど、甚大な被害が出る結果となりました。**耐震補強を施すことが決まった別のマンションの住民も、補強費用の多くを自己負担せねばならず、その経済的負担の大きさは想像に難くありません。

この事件では、構造計算書を偽装した張本人である姉歯元一級建築士のほかに、偽装を見抜けなかった指定確認検査機関、施工を担った建設会社、事業主の不動産会社など関連する業者の責任者の多くが刑事罰を受けました。

耐震偽装も、杭データ改ざんと同様に、建物の安全性にかかわる絶対にあってはならないことです。しかもこの2つの事件が示すように、偽装が明るみに出た場合、行政処分を受けたり、莫大な賠償責任を追及されるなど、自分たちの存続が危ぶまれるわけです。

少し考えたら、それだけ危険なリスクを抱えていることはわかるはず。にもかかわらず、平然と偽装、つまり犯罪が行われ続けてきました。

自らの危険を冒してまで、なぜ不正に手を染めてしまったのでしょうか。

複雑すぎる下請け多重構造

その背景を探るために、マンションはどんな流れで、どういった企業がかかわって建設されているか、そのしくみを簡単に説明します。何層もの下請け多重構造が問題を誘発していたことが見えてくると思います。

民間の新築分譲マンション（マンションの各住戸。専門用語で専有部を販売するマンションのこと）を例にとると、「事業主（デベロッパー）」が土地を手立てし、その土地（敷地）にどのような建物を建設するのか、緑地や駐車場をどう配置するかといった全体計画であるランドスケープを作成します。

それをもとに、実際の設計に落とし込む業務や行政に対する建築確認申請を担当するのはデベロッパーから委託を受けた「設計事務所」で、後述する「工事監理」業務も兼ねることがほとんどです。施工を総合的に管理するのは「ゼネコン（元請け）」で、実際の施工（工事）を行う下請けとして「杭工事会社」「配筋（鉄筋）工事会社」「電気設備工事会社」「給排水衛生設備会社」などがあり、さらにその下に2次下請け、3次下請け……と業者が連なることもあります。そして販売を担う「不動産会社」が大きなくくりとなります。

マンションのように大規模な建物の場合、多いケースで約30社もの業者が関係する工事もあるほどで、どれだけ重層構造になっているかがわかると思います。

ここで大事なことは、**ゼネコンには「施工能力がある」わけではないという事実**です。実際に「施工」するのは各設備工事や問題の杭工事、そして鉄筋工事、大工工事、内装工事等を行う下請け業者で、ゼネコンのおもな仕事はそれらの工事全般を「管理」することです。まずここを押さえておきましょう。

孫請け、ひ孫請け構造が生む賃金格差

「パークシティＬａＬａ横浜」の施工データ偽装事件で目立ったのは、「下請け多重の

ピラミッド構造が原因」とする論調です。ここからは、その実態について見ていきます。

まず指摘したいのは、**元請けのゼネコンから発注を受けて実際の施工を行う各専門業者の職方たちの多くは社員ではなく、いわゆる日給月給の請負労働者（個人事業主）だということ。**職方とは、現場で作業する技術を持った作業者、いわゆる職人のこと。あまりなじみがないかもしれませんが、本書では技術保有者に対する敬意を込めてそう表現します。

ゼネコンがデベロッパーから受注し、自社の利益を考慮したうえで1次下請けに発注、さらに1次下請け事業者が同様に利益を確保したうえで2次下請けである各職方集団（集団のトップを親方といい、親方の下の各班のトップを職長といいます。親方自身が職長の場合もあります）に発注します。いわゆる「孫請け」ですね。そして、たとえば配筋業者の親方であれば、各鉄筋工（職方）に自身の取り分を除いて報酬を支払う。これが最も下請け業者の少ないパターンです。

「パークシティLaLa横浜」の杭工事では、元請けが三井住友建設、杭工事の1次下請けが日立ハイテクノロジーズ、2次下請け（孫請け）が旭化成建材、そして実際に施工を担当していたのは、旭化成建材の下請け業者、つまり3次下請け（ひ孫請け）だったとのことです。

これだけ多くの企業がかかわり、それぞれが利益を抜いていったら、最下層の職方の手元に残るのは仕事内容に見合わない金額だったかもしれません。いや、おそらくそうでしょう。

この下請け多重構造に加えてもうひとつ問題なのが「複数工種の存在」です。マンション建設の現場には、じつにたくさんの工種があり、これも多重構造に該当するといえます。下請け多重はピラミッドの構造ですが、複数工種は高さではなく、横幅と考えてください。

たとえば構造躯体の場合であれば、配筋工事・型枠工事・設備工事（電気・給排水）、コンクリート工事がおもに関連しますが、鉄筋を組む（配筋工事）、電気配管や設備スリーブを施工する（設備工事）、型枠を建てる（型枠工事）、コンクリートを打設する（コンクリート工事）というのが一連の流れで、順番に終わるわけではなく、鉄筋を組んでいる途中から設備工事も型枠工事も並行して行われます。

図1　建築業界の下請け構造とマンション建設の流れ

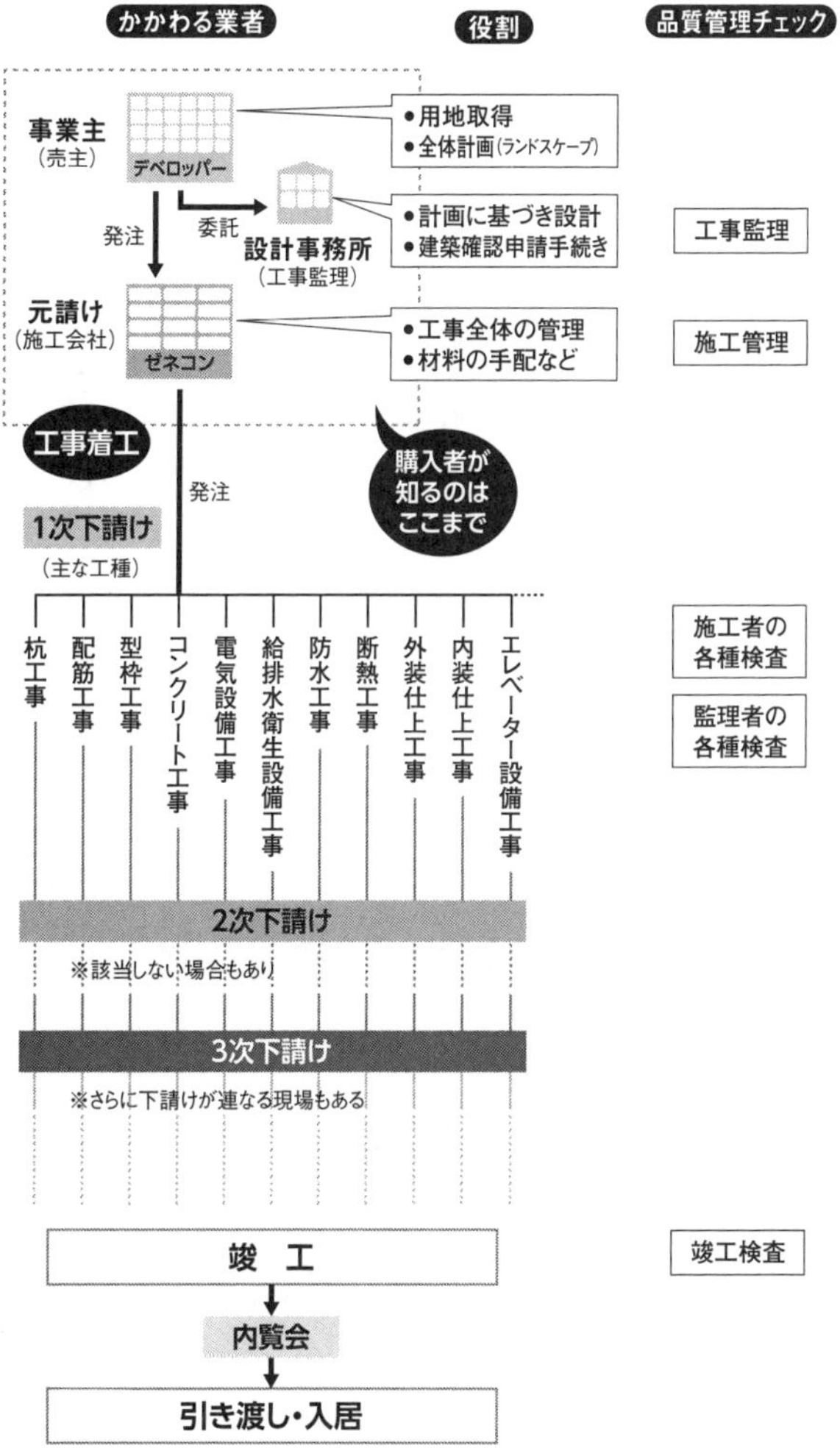

お互いの仕事に配慮し、問題があれば自分の担当以外であってもその不備を補足しながら工事を進めるのが理想ですが、実際はまずあり得ません。これにより起きる施工不備も多くあります。

低賃金・重労働・社会保障なしの現場仕事

話を戻して、最前線の職方たちがどれだけ割に合わない金額で働いているか、具体的に示します。職方の報酬金額は型枠大工、鉄筋工、配管工など職種によって異なりますが、悲惨ともいえる実態を知っていただくことが目的ですので、ここではごく単純に説明していきます。

ある建物全体に必要な、配筋工事など各工事を完成させるのに必要な人員と、その標準価格は国土交通省等の資料によって決められています。一般的に、建築現場の作業時間を1日合計8時間とし、その時間内で行う仕事を「1人工《にんく》」という単位で示します。通常、職方1人当たりの1日の仕事量と考えられています。

たとえば、ある工事に100人工必要で、その人工単価が2万円だったとします。人工金額は200万円（直接労務費）。これに交通費等経費や健康保険料負担金などの「間接労務費」を加えた金額で請け負うことになります。一般的に間接労務費は直接労務費の20％程度とされているので、200万円の20％である40万円を加えた240万円が親方に提示される金額となります。

そこから支払われる職方報酬はどうなるかというと、計算上は240万円÷100人工で日当2万4000円ですが、実際にはそうではありません。

たとえば鉄筋工の場合、公共工事設計労務単価（2016年2月以降）は東京都では2万5700円ですが、実際は8000円から1万4000円前後が相場といわれています。最近は職方不足を反映し、1万9000円程度まで平均値は上昇しているようです。1万9000円ならそれほどヒドい金額ではないと思われるかもしれませんが、そう単純ではありません。週に6日現場で作業を行えば日当は6日分になります。しかし降雨などで作業ができない日があれば、その日の日当は「ゼロ」、病気で休んだ場合も同様に「ゼロ」。彼らの雇用形態はいわゆる日給月給だと述べましたが、実際に作業ができた日の日給が、ただ単に月でまとめて支給されるだけのことです。

たとえば、6人工必要な作業があったとします。1人で作業を行えば6日、2人で作業を行えば3日で終わります。

しかし、6日のうち2日が雨で作業ができなかった場合、残り4日間で終えなければなりません。6人工分の作業を4日でやるわけですから1日当たり1・5人工となり、1人で作業をやっていた場合、1人工8時間の1・5倍やらなければならないわけです。4時間の残業になりますが残業代は出ません。

そして、日当2万4000円とした場合、本来6日×2万4000円＝14万4000円の実入りのはずが、同じ作業量であっても4日×2万4000円＝9万6000円にしかならなくなってしまいます。

さらに残り4日のうち、たとえもう1日雨が降ったとしても物理的に施工時間がなくなるため土砂降りの雨の中で作業を行うしか選択肢がないこともあります。

わかりやすいように極端な計算例にしましたが、これが職方の実態なのです。

しかも、**建築業に携わる現場労働者（職方）は340万人といわれますが、そのうちの3割、100万人程度は社会保険未加入です。**この不安定な立場であることに加えて、職方は一般企業の正社員や契約社員と違い、病気や怪我などで仕事ができなかったときの休業補償といえる「有給休暇」が取れません。

正確には、労働基準法の規定により、ある一定の条件を満たせば有給休暇を取得できるようになっています。しかし、多くの職方は、有給休暇が取れることを知らされていません。仮に認識していたとしても、実際にはほぼ取得できないのが現実です。なぜなら、そんなことをしたら仕事が来なくなってしまう不安をつねに抱えているからです。

しかも真夏の暑い日は汗だくになりながら作業をし、真冬の凍えそうな寒い日でも屋外で作業をします。肉体的にもつらい仕事です。この過酷な労働環境に嫌気がさして建築業界を去っていく職方は少なくありません。

劣悪な労働環境がモラル低下を招く

こうした絶望的な状況で働かざるを得ないとなると、よりいい仕事をしようとか、どんなに時間がかかっても丁寧な作業を心がけようという意識は生まれにくいでしょう。

むしろ、**「なんの保障もなく、微々たるカネしかもらってないいんだから、問題がない程**

度にやっておけばいい」といったモチベーションになってしまったとしても仕方のないことだと思いませんか？

そうした現場モラルの低下がどんな弊害を引き起こすか。実際にあった例で説明します。

内覧会、つまり竣工（ほぼ完成）している段階で、空調機の冷媒管を通すスリーブの室内側キャップを外してみると、なんとそこにあるべき「孔《あな》」が開いていないことがありました。これは単純な施工ミスでは済まされない「手抜き」ともいえる不備です。コンクリート打設の際にスリーブを入れ忘れた、ここまでなら施工不備かもしれませんが、そのあとの複数の工程（作業）で必ず気づくはず。何度も見落とすのは品質管理ができていなかった、というよりも管理の手抜きをしたために発生した「欠陥」です。

そのあとの複数工程のひとつである断熱材吹付工事を行う断熱施工業者も吹き付けの際に不思議に思わなかったのでしょうか。おそらく、気付いていたとしても自分の仕事は規定通りの材料で、規定通りの範囲と厚さを吹き付ければよいとしか考えてなかったと思われます。また、断熱工事の後の工程である石膏ボードを施工する内装業者も下請け業者のひとつですが、彼らにも「孔」がないのは一目瞭然だったはず。とはいえ、「自分の仕事じゃない」と無視して工事を進めてしまったと思われます。

このようにまわりへの配慮やモラルが不足している下請け業者や職方がいることも事実です。過酷な労働環境や仕事内容に見合わない安い賃金、社会保障制度の欠落……、こうした劣悪な雇用条件がモラル低下を招いてしまっているといっても過言ではありません。

この**「自分の仕事以外は口を出さない」体質も、欠陥問題に発展しやすい原因のひとつです。**

ベテランばかりが減っていく深刻な人材不足

稼ぎも仕事を取り巻く環境も悪いとなれば、職方が不足していくのはある意味当然の流れでしょう。

実際、2008年から2014年までの建設技能労働者過不足率の推移（図2　国土交通省「建設労働需給調査結果」2016年1月調査）によると、東日本大震災が起きた2011年以降不足傾向が続いており、特に、型枠、左官、とび工、電工、配管工が不足。なかでも塗り壁やタイル工事を担う左官の不足率が大きくなっています。左官の不足は、外壁に塗り壁を採用する戸建てが減少し、それにともない仕事が減り、離職していったことが要因といわれています。

その結果、熟練の職方が減り、体力的にキツかろうが安い賃金だろうが仕事にありつきたいという未熟な職方が増えているのも問題です。しかも、経験の浅い職方が増えたことにより、これまで以上に職方教育に時間をかけなければならず、現場の品質管理まで手が回らない状況となっているのです。

そもそも職方は、自ら施工のバイブルである日本建築学会の各仕様書、たとえば鉄筋工事であれば『鉄筋コンクリート造配筋指針・同解説（日本建築学会編）』を読み込んで学ぼうとしない傾向が強いです。学ぶのは自分の親方から。親方から教わったことが職方の知識のすべてです。その教わったことが間違っていたとしても、それに気づくことができません。

私の経験上、熟練の職方は自分の知らない法規定などを教えると案外素直にその内容

図2　建設技能労働者過不足率の推移

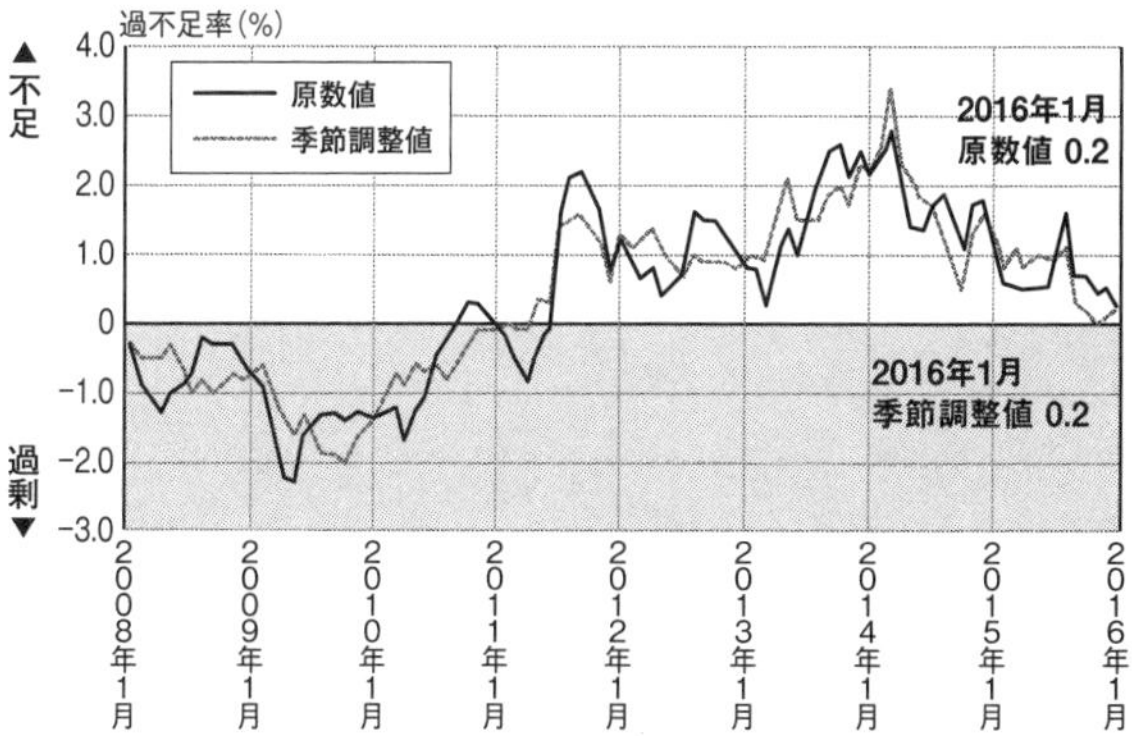

国土交通省「建設労働需給調査結果」(2016年1月調査)

を理解しようとしますが、若い血気盛んな職方は「そんなこと、聞いたこたぁーねーよ！」の世界です。幸い私どもが長年携わってきたゼネコンの職方たちは、そのほとんどの方がたとえ口は悪くても学ぼうとする姿勢は多かれ少なかれありますので助かっています。

ですが、業界全体の状況は厳しいものがあります。

こうした**職方不足に加え、私が最も危惧しているのは、現場を統括して管理しているゼネコンの現場所長クラスのベテラン社員が、リストラや早期退職によって大量離職していること**です。しかも最近は現場を直接管理する中堅の技術者の離職も目立ちます。

建築現場における「管理」は非常に重要な仕事なのですが、十分な管理ができないまま工事が進んでしまうケースが非常に増えています。管理者不足の現場というのは、極端にいうと職方に任せきりになるということですから、施工不備や手抜きがないかをチェックする機能がまったく働かなくなります。結果、欠陥に発展してしまう案件が多いのは、これまで見てきた通りです。

どの世界も経験や知識、技術力というのは、それらを保有するベテランが次の世代に伝達していくことで技術継承が行われてきたわけですが、それができる人たちが建築現場から消えていっている状況は、なんとか食い止めなければなりません。

待遇改善に動き出した建築業界、しかし……

こうした事態を重く見た建築会社のなかには、工事現場で働く職方の待遇改善を急務ととらえ、**日給月給をやめ自社の社員として雇用する専門事業者（下請け企業）や、それらを側面から支援するスーパーゼネコン（元請け）も出始めています。**側面から支援とは、下請け企業が労働者を雇う際に負担する社会保険料を、工事費とは別に全員分支払うというもので、下請け企業がきちんと保険料を納めれば職方の待遇改善につながると期待されています。

また、私どもに検査を委託されているゼネコンは、ミスが少なく丁寧に施工する親方や職長を表彰する制度を設けています。社内にはそういった親方や職長には発注する金額（親方が受注する金額）を上乗せすべき、という意見もあるとのこと。

ともに素晴らしい取り組みだと思うのですが、この程度のことでは、抜本的な職方の待遇改善にはつながらないと思われます。なぜなら、ゼネコンと個人事業主である彼らとが直接契約することは不可能だからです。

直接契約をしていた場合、その職方集団に何か問題があれば、かわりにその作業を引き継ぐ別の職方集団を探してきて新たに契約する必要があるため、個別に直接契約するのは非効率かつ不安定です。そのため、ゼネコンはいつでもほかの職長班の職方を回すことができるよう、複数の職方集団が所属する専門事業会社に発注しています。

建築業界が下請け多重構造から抜けられないのは、こうした背景もあるのです。大手ゼネコンが下請け業者の社会保険料加入を支援しても、手元資金が減ることを嫌い保険料を納めない下請けも出てくるでしょう。

ここにメスを入れない限り、下請けの末端で働く職方の待遇状況は是正されません。結果、慢性的な建築業界の人手不足、モラルの低さから手抜きやミスが頻発し工事品質の劣化をもたらし、さまざまな欠陥問題に発展してしまう——。

これまでに繰り返されてきたことが、この先も続くだろうというのはここでもいえることです。

工期厳守がミスを招く

欠陥につながる重要な問題はまだあります。「工期厳守のプレッシャー」です。

日本の分譲マンションは「青田売り方式」で販売されるのが一般的です。建物が竣工する前、場合によっては工事が始まる前に販売が行われるケースもあります。

物件がまだ完成していない状態で販売が行われるのは、事業主（デベロッパー）の資金繰りに大きく影響しています。マンションのプロジェクトに要する資金は、そのほとんどを金融機関からの借り入れで調達します。当然、金利負担が発生しますが、**竣工までに売り切ってしまえば引き渡し後すぐに資金回収ができ、金利負担はその段階までしか発生しないので事業計画として成り立ちやすい。**ほとんどのデベロッパーが青田売りを採用しているのはこうした理由からです。

また、購入者に告知している「竣工引渡日」の関係もあります。マンションが建つ前に売買契約を交わし、竣工引渡日を約束しているので、発注先のゼネコンにも工期を厳守させます。工期が守られない場合、違約金が発生することがほとんどのためゼネコンも工期には非常にシビアになるのです。

建物には、規模や用途により標準工期とされる工期があります。**マンションの場合は、地下などの特殊要件がない場合、造成工事（敷地を整地して平らにすること）を除いて、階数プラス3カ月が標準工期とされていますが**、この標準以下の工期で発注しようとするデベロッパーも多く存在します。

しかもこの工期は「標準」であって「適正」ではありません。そして、**日本では青田売りが当たり前に行われていますが、諸外国はそうではないのです。**たとえばアメリカは建物の基本部分ができてから、実物を購入希望者に見せて販売を行っています。「建設工事は完成予定より遅れることもある」という前提に立っているからです。日本でも、建築途中に予期せぬ出来事が起きて完成が遅れることを想定した工期にすべきですし、竣工物件が重なる2月や3月末に竣工を予定する場合は、職方不足に備えてせめてあと1～2カ月は追加するなど、適正な工期に見直す必要があります。そうすれば、「工期のプレッシャー」を受けずに工事が進められます。これが本来あるべき姿のはず。

しかし**日本の現状では、一度工事請負契約を締結したら地震などの天災でもない限り工期の延期は御法度。**そうすると、工期を優先するあまり、現場管理が手薄になり、その結果ミスが発生しやすくなります。工期厳守を振りかざされた現場では夜遅くまで作業に追われていることが多く、手間も時間もかかる管理がないがしろにされてしまうのは紛れもない事実なのです。

「大手だから安心」が命取りに

さて、これまでのお話で「管理」の重要性にしばしば触れてきましたが、詳しくご説明したいと思います。ゼネコンのおもな仕事は「管理」だとお伝えしましたが、この「管理」能力が高いとされているのが鹿島建設、清水建設、大成建設、竹中工務店、大林組の5社で、スーパーゼネコンと呼ばれています。なかでも竹中工務店は1610年の創業で、その歴史はなんと400年。徳川幕府成立の頃から続いている企業です。ほかの4社も創業100年以上の歴史があります。それぞれ長い歴史のなかで信頼を築き上げてきた業界最大手のゼネコンですが、竹中工務店と清水建設の元請け工事でもデータ偽装が行われていたことが判明しています。

竹中工務店の物件は2002年から2003年にかけて施工された愛知県の村営福祉施設。清水建設は、三重県にある神戸製鋼の工場内にある倉庫。いずれも、建物のひび割れや傾きなどは確認されてはいませんが、元請けとして偽装を見抜けなかったことの責任は重大です。

私が携わった分譲マンション検査のなかでも、管理が至らずに起きてしまった欠陥工事のケースをご紹介します。

都心3区と呼ばれる「東京都千代田区、中央区、港区」内に建つ外観も重厚な超高級マンションの例です。全戸数は50戸以上100戸未満（案件特定を避けるため曖昧な表現とさせていただきます）。

事業主（デベロッパー）は名前を聞けばほとんどの方がご存知の会社、施工者も一部上場ゼネコン。販売当時の最高販売価格は1億円を超えています。

しかし**竣工後10年が経過しようとしているにもかかわらず、何度修繕しても雨漏りが止まらない住戸（専有部）があり、**業を煮やしたその専有部の所有者が、弁護士に事業主との交渉を委任しました。

その弁護士から問い合わせをいただき、まずはその一専有部の雨漏り調査を行いました。雨漏りの原因特定は案外難しいのですが、この案件では防水層の施工不備と比較的容易に推測できました。しかし、雨漏れ以外にも、クラックと呼ばれるひび割れや、建物内部にある駐車場の壁からも漏水があるとのこと。たしかにクラックが目立つ箇所があり、建物全体をざっと目視していくと、耐震構造にかかわる重大な不備の可能性が疑われました。

そして、建物全体の調査を数日にわたって実施した結果、**じつにおびただしい数の施**

工不備が確認されました。代表的なものだけ挙げると、構造欠陥につながる鉄筋に対するコンクリートのかぶり厚（コンクリートの表面から内部の鉄筋までのコンクリートの厚み）不足、同じく建物の安全性を損なう危険性が高い耐震スリットの施工不備や瑕疵の存在が高いとされる０・６ミリ以上のクラック（ひび割れ・１７２ページ写真⑤参照）多数、広範囲にわたるエフロレッセンス（コンクリートの表面に発生する結晶化した白色の物質。コンクリート内部に大気が流入して発生する、つまり劣化進行の恐れがある現象・１７４ページ写真⑧参照）発生多数など。ほかにも外壁断熱材の厚さ不足や、バルコニー手すり壁の施工不備、外壁タイル伸縮目地の施工不備などの居住性や安全性にかかわる欠陥工事のオンパレード。後日、報告書をまとめ管理組合に報告したところ、当然のことながら住民の方々の怒りは爆発です。

この案件では事業主（デベロッパー）の責任（実際に補修費を負担するのは施工ゼネコンですが）による全補修を提案し、住民の方々と合意。全世帯が一時転居して補修工事を行い、補修工事完了後再入居となり、一時転居及び再入居の引っ越し費用もすべて施工ゼネコンの負担で解決しました。

直接同ゼネコンの担当者に確認したところ、全棟補修工事にともなう費用は約10億円とのこと。たしかにその年の決算を見ると特別損失（過年度工事補償引当金繰入額等）として同等の金額が計上されていました。それだけの損失を出しても潰れなかったのは「さすが大手」ですが、問題はこのマンションが建設されたのは1990年代後半。案件特定を避けるため曖昧な表現にしましたが、そのときにはすでに宮城県沖地震をきっかけに新耐震基準が制定されていましたし、阪神淡路大震災が発生した後に着工した建物でした。杭施工データ偽装が発覚した現在まで、大手の物件でもいい加減な施工管理がまかり通ってきた象徴的な実例といえるのではないでしょうか。

もはや「大手だから安心」は通用しない。そう断言せざるを得ません。

杭偽装や耐震偽装、そのほかの施工不備は、さまざまな要因が絡まって生まれており、原因をひとつに断定はできませんが、**ゼネコン（元請け）のずさんといわざるを得ない管理体制が欠陥マンションをつくる一因であることは間違いありません。**

「管理」「監理」の徹底が最重要

つまり、マンション建設を総合的に管理するゼネコンがしっかりした管理体制をとっていれば施工段階で不備や問題を発見することができるのです。そして不備を是正し、設計図書通りに建築が行われれば、欠陥マンションにはならないわけです。

では、どのような管理が行われていれば安全なのか。ここで少し専門的になりますが、ゼネコンの役割である「管理」について理解を深めていただきたいと思います。

管理の内容は多岐にわたり、おもに「施工管理」「工程管理」「品質管理」「安全管理」そして「原価管理」などに分類できます。ここでは、「施工管理」と「品質管理」について説明します。

まずは「施工管理」。

「施工管理」は設計図をもとに施工図を作成し、設計図にミスや問題がないかを事前に把握するのがおもな仕事です。そのうえで設計者や工事監理者と協議を行い、設計図書に規定される構造耐力やデザインを適切に実現させるための準備を行ったうえで、施工図を作成し、工事監理者（詳細後述）の承諾を得て各施工業者に施工の開始を指示します。

次に「品質管理」。

現場に出向き、設計図書通りに施工されているかを図面（施工図）と照らし合わせながらチェックし、施工状況に問題があれば修正や補正の指示を出し、着工から竣工まで配筋、コンクリート躯体（タイルなどの仕上げを行う前の建物本体）、防水や断熱、電気・設備、内装仕上げなどの施工状況を確認する業務です。私のような「建築検査」を専門とする者の業務はこの一部に該当します。

たとえば、鉄筋の配置や太さ等を確認する配筋検査では、まず配筋業者が自主検査を行い、次にゼネコンの現場担当者、そしてゼネコンに検査部門がある場合はその担当者が行います。ここまでがゼネコンが行う「品質管理」なのですが、ここで合格が出てもまだ次には進めません。それを承認する最後の大事な検査があるのです。

それはマンションの設計者である工事監理者（通常、設計事務所に所属する一級建築士）が行う「監理者検査」のことです。

ゼネコンが行う「管理」も重要ですが、設計事務所による「監理」はさらに重要です。

なぜなら、**工事監理者は、建築基準法で「建築現場の最高責任者」として規定されてお**

り、設計図書通りの施工かどうか、ゼネコンが一連の管理を行った後で最終的に確認し、次の工程に進む合否を決定する責任があるからです。

このようにゼネコンによる「施工管理」と「品質管理」、そして工事監理者による「監理者検査」を完璧に行っていれば、施工不備を限りなくゼロに近づけることができます。「管理」と「監理」がきちんと機能している工事現場では、欠陥問題やデータ偽装などが起きることは、ほぼあり得ないのです。

これらを怠ったとしかいいようのない典型が、2013年12月に発覚した「ザ・パークハウスグラン南青山高樹町」で見つかった欠陥です。

億ションのずさんすぎる欠陥

「ザ・パークハウスグラン南青山高樹町」の事業主（デベロッパー）は三菱地所レジデンス、設計監理は三菱地所設計、元請け（ゼネコン）は鹿島建設、そして設備工事施工者は関電工という日本を代表する大手企業が結集。当時のウェブニュースの見出しには**「東京青山の億ション工事で最強トリオが引き起こした前代未聞の大失敗」**などと、散

不備を是正するため後から梁などに孔を開ける「コア抜き」

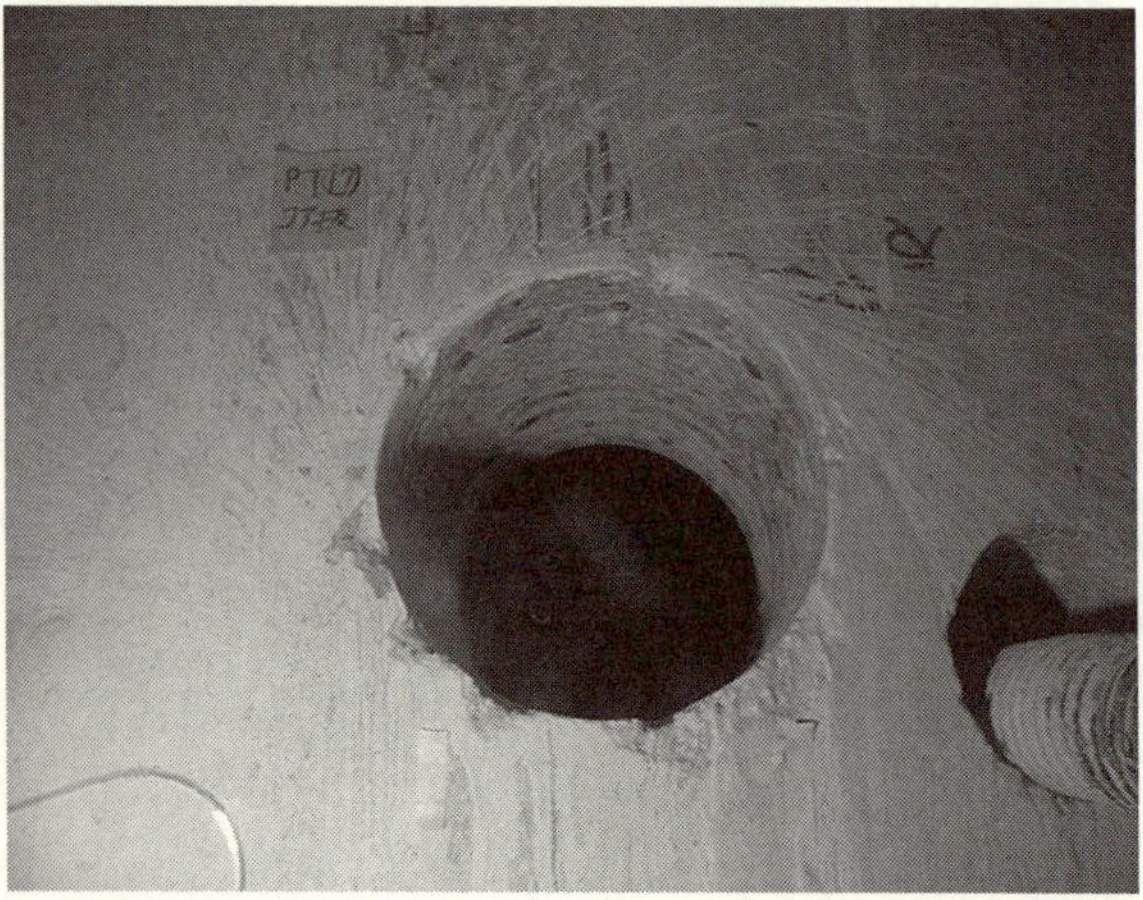

散に酷評されました。しかも、発覚のきっかけは、口コミサイトに告発の書き込みがあったことでした。

構造躯体のなかでも非常に重要な部位である梁を貫通する設備配管用の孔（これを「スリーブ」といいます）が、報道によると全6000箇所のうち約700箇所で本来あるべき位置に開いていないか位置が違うといった不備が発覚。さらに、それを是正するためか約200箇所でコア抜き（完成している鉄筋コンクリートの躯体に後から孔をあけること）を行い、一部は鉄筋を切断していた、とのこと。200箇所もコア抜きを行うとなると、構造体の耐震性能、つまり安全性を著しく欠くことになるわけで、建築技術者からすると「考えられないミス」を通り越しています。

なぜ、このようなお粗末な工事がまかり通ってしまったのか。通常の工事の流れを参考にたどってみます。

本来、スリーブの径と高さは、「躯体図」と呼ばれる配筋業者が使用する施工図に記入します。貫通する部分は補強を行う必要があり、どんな補強が必要かを調べてその指示も図面に書き入れます。

そして実際にスリーブを設置する設備業者は、その躯体図と配管を施工するための「設備配管施工図」や「スリーブ図」をもとにスリーブを設置していきます。

図面はゼネコンや設備工事の担当者が作成するか、施工図作製業者に作成を依頼したものをゼネコンや設備工事の担当者がチェックし工事監理者に提出。最終責任者である工事監理者が確認し、承諾を受けてから実際の施工に取り掛かるのが、通常の流れです。

問題となった青山のマンション施工では、約700というおびただしい数のミスが起きたことを考えると、施工図に不備が多くあったにもかかわらず、担当者や工事監理者がチェックを行っていなかったか、形ばかりのいい加減なチェックだったか、そのどちらか以外考えられません。

誰もチェックしていなかった

あってはならないことですが、建築工事の最高責任者である「工事監理者」がスリーブがないことに気づかず、工事が進んでしまうケースは珍しいことではありません。

かくいう私も小さな梁が構造図に記載されていることに気づかず検査を終えてしまい、そのままコンクリートが打設されそうになり、肝を冷やしたことがあります。再検査でよくよく構造図を確認して発見できたからよかったのですが、これ以降、ミスの再発を防ぐため検査を実施する際に使用する書類にも工夫を加えて現在に至ります。

そうした経験から正直な心情を申しますと、1箇所2箇所見落とした、というなら理解できます。でも、建物の構造の根幹である躯体に、あとから200箇所も孔を開けなければいけない施工ミスを見落とすなどは絶対に考えられません。

ものごとに絶対はないと思っていますが、この場合は例外です。

「誰も管理＆監理をしていなかった」

詳細に検証していくと、その実態が浮かびあがってきます。設備業者も配筋業者もゼネコンの担当者も、そして最高責任者である「工事監理者」も、誰一人として、しっかり管理（監理）を遂行した人間がいなかった。

それが、この欠陥億ションの真相ではないか、というのが私の見立てです。

欠陥がありすぎるゆえに起こる「隠ぺい」

しかも、ミスの発覚は２０１３年12月。引き渡しは２０１４年の３月予定ですから、すでに内装部分を除いて建物はほぼ完成していたはず。その段階で２００箇所ものミスに現場が気づかないことはまずあり得ません。

じつはコンクリートを打設した後でミスに気がつき、補正するために仕方なく数箇所コア抜きをするのは珍しいケースではありません。既存のマンションの調査を行えば、ほぼ１００％の確率で見つかります。しかし、これだけおびただしい数の施工不良は悪質としかいいようがありません。

建物がほぼ完成した段階で発覚した状況から推測するに、重大な問題があると知りながらも、あまりの数の多さに後戻りはできないと工事を進めようとしたのでしょう。その重大さに現場に携わっていた人間が良心の呵責に耐えられなくなり、口コミサイトに告発した——。こう考えるのが自然です。だとすれば、「隠ぺい」といわれても仕方がありません。

欠陥マンションが生まれる5大要因

ここまでマンション業界が抱える問題点として、**「下請け多重のピラミッド構造」「職方と建築技術者の不足」「複数工種の存在」「青田売りによる工期厳守」「ずさんな管理」**の5つをおもに挙げてきました。これらが絡まり合い、さまざまな施工不備が起きてしまうのですが、一例として実際にあった「設備業者がスリーブを設置した際に切断した鉄筋を補強せず放置し、そのままコンクリートを打設した」という事例をあてはめてみます。欠陥が生まれる構図が浮き彫りになり、そういうことか、とご理解いただけると思います。

「設備業者がスリーブを設置した際に切断した鉄筋を補強せず放置」は、実際に施工した設備工事の職方が日給月給の応援部隊、つまり下請けの下請けであり、彼らは補強が自分たちの工事範囲と知らず放置（下請け多重のピラミッド構造と複数工種の存在）。それを型枠工事の職方が知っていたにもかかわらず、自分の担当工種ではないのでこれまた放置（複数工種の存在）。コンクリート打設前にゼネコン担当者が検査を行ったが、その担当者がまだ経験が浅い新人で、知識不足から鉄筋切断箇所の未補強を見落とすことに（建築技術者の不足とずさんな管理）。さらに本来、最終的にコンクリート打設可否の決定権を持つ工事監理者が、内装等の仕上げの打ち合わせを優先させ、検査を行わず現場に任せた（青田売りによる工期厳守&ずさんな管理）結果、「設備業者がスリーブを設置した際に切断した鉄筋を補強せず放置し、そのままコンクリートを打設した」という施工不備に至った——。

欠陥問題は、このように複雑な問題が絡み合って起きているのです。

いちばん悪いのは誰なのか

「パークシティＬａＬａ横浜」の傾斜問題が大きく報道された後、新聞、雑誌やテレビ番組などで「誰が責任を取るべきか」といったテーマで記事が掲載されたり放送されたりしていました。みなさんはどう思われますか。

物件購入者の方々は事業主（デベロッパー）と「不動産売買契約」を締結していますので、事業主に責任を取るよう求めます。

事業主は、ゼネコンと「工事請負契約」を締結していますので、ゼネコンに責任を取るよう求めます。

ゼネコンは各下請け事業者と、たとえば杭施工業者と「杭工事請負契約」を締結していますので、杭施工業者に責任を取るよう求めます。

つまり、それぞれの立場によって責任を求める相手は違ってくるわけですが、施工不良について全体の責任を取るのは管理監督を行っている元請けであるゼネコンです。ただし、建築現場における法規上の最高責任者は「工事監理者」だと前に述べました。

工事監理者は、その建物の設計を行った設計事務所に所属する建築士が担うことが多いのですが、**問題なのは、工事監理者もじつは「下請け」業者であり、下請け多重構造に該当するという点です。**どういうことか、説明します。

まずは「下請け業者」の側面です。

事業主（デベロッパー）が分譲マンションのプロジェクトを立案・作成しますが、基本計画や実施設計などの設計業務は、いわゆる設計事務所に委託します。建築士はここで設計業務を担うわけですが、現場で工事が始まると、「工事監理者」としての業務を行うようになります。つまり工事監理者は、発注者である事業主から受注している「下請け業者」なのです。

次に「下請け多重構造」の側面です。

一般的に設計事務所は「意匠」、つまりデザインやランドスケープを主たる業務としており、「構造」や「設備」も含め受注しますが、「構造」については構造専門の設計事務所に、「電気設備」や「給排水衛生設備」については設備設計事務所に外注することがほとんどです。ゼネコンが各専門事業者に発注するのとまったく同じ構図です。ここにもミスを犯す要因が潜んでいることがご理解いただけると思います。

設計や工事監理に対する業務報酬の基準は、建築士法に示されていますが、姉歯事件を踏まえ見直しがなされ、2009年1月に改められました。

単純に「報酬が安い」ことも姉歯事件の原因のひとつと考え、もう少し報酬を上げられるようにしたのですが、それで改善されたかというとそうはいかないのが建築業界。

どうも**日本人は目に見える「物」にはお金を出しますが、考えを図面化する「設計」や、現場での納まり等を考える「工事監理」には、なかなかお金を払いたがらない傾向があるように感じます。**「設計」は「設計図書」という成果物があるので、まだましですが、おもに「考え」を現場で実行する「工事監理」は特に顕著です。

発注者である事業主（デベロッパー）が「設計料」や「工事監理料」を少しでも安く、と考えるのは経済上当然のことかもしれません。しかしその報酬額は、同じように責任を負うゼネコンと比較すると圧倒的に安いのは問題です。転職サイトなどによると、**設計事務所の最大手、日建設計の平均年収が515万円、スーパーゼネコンはすべて800万円オーバーです。**年収の違いは利益の違いでもあるので、受注段階でその金額差があるのはご理解いただけると思います。

しかも**「工事監理業務」を受注するのは元請けである「意匠」設計事務所であり、建物の安心安全を担う「構造」設計事務所ではない場合がほとんど。**ということは、意匠担当の設計事務所の下請けである「構造」設計事務所の業務報酬は当然低くなります。

現場に毎回監理検査に行けるような報酬をもらっている構造担当者は、官公庁の特殊なプロジェクト、たとえば新国立競技場のようなプロジェクトでない限り皆無です。

官公庁の案件で「常駐監理」といって現場事務所に「つねに駐在している」業務委託契約であっても、その多くは「意匠」担当の設計者であり、構造軀体の細かい納まりや学会配筋指針を熟知している「意匠」担当者は、ごく少数です。

現場における「工事監理者検査」が、よく注意を払わない「等閑《なおざり》」になったり、いい加減にやっつける「御座成り《おざなり》」になったりしてしまうのはこのためです。姉歯事件の構図もここにあったといえるでしょう。安い設計報酬を埋め合わせるため、たくさんの案件を受注し、売上げを確保するしかなかった。典型的な薄利多売です。

しかも商品は〝品物〟ではなく毎回人の手が必要な構造設計（構造計算含む）です。多売、つまり多く受注するには、「姉歯に頼めば早い」「姉歯に頼めば鉄筋量が少なくて済むのでコストが下がる」など発注者側にとって都合がいい評価を得ることも必要だったのでしょう。それが、短い工期でできるような構造計算書の偽装につながったのです。

姉歯元建築士は特別だとしても意匠設計事務所の下請けとして甘んじていた状況が建築基準法制定後ずっと続いてきた結果、**「意匠（デザイン）設計」はできるけれども、現場で状況に応じて高度な判断を要求される「工事監理」はできない技量不足の建築士を大量に生んできたといわざるを得ません。**

こういった状況に危機感を覚えたのか、国土交通省は2008年に建築士法を改正し、それまでの「一級建築士」「二級建築士」「木造建築士」に加え、新たに「構造設計・設備設計について、高度な専門能力を有する一級建築士に対し、構造設計一級建築士・設備設計一級建築士とする」新たな制度を創設しました。しかし、それで構造設計担当者の社会的地位や報酬が上がったわけでも何でもありません。

もちろん、素晴らしい技術と知見を持った建築士や構造建築士の方々もいます。私も何人も存じ上げていますが、その技量を思う存分発揮するだけの報酬を得ているとはいい難いでしょう。

性善説に拠った建築基準法を改めよ

欠陥建築を生み出す要因として、最後に指摘するのは「法律の不備」です。ここでいう法律とは、建物の安全性を確保するための基準を規定した建築基準法を指します。

建築業界の構造も問題ですが、それを取り締まる法律がしっかり機能していないことも大きな問題であると考えます。どこがどう「不備」なのか見ていきます。

建築基準法第1条にこうあります。

「この法律は、建築物の敷地、構造、設備及び用途に関する最低の基準を定めて、国民の生命、健康及び財産の保護を図り、もって公共の福祉の増進に資することを目的とする。」

条文中、「最低の基準を定めて」の部分に注目してください。

技術的基準を規定した建築基準法施行令では、鉄筋コンクリート造に関する条文は、第71条から第79条までの9箇条しかありません。

「最低の基準」以外の具体的な規定は、日本建築学会建築工事標準仕様書（ＪＡＳＳ

5）及び学会配筋指針に任せている状況で、しかも、そのＪＡＳＳ5及び学会配筋指針も完璧とはいえません。

すべてを文章化して規定することは不可能に近いのが建築物の設計なのです。

つまり、**建築基準法の根幹は「建築士（工事監理者）に多くの権限を委ねている」**ということに他なりません。

その建築士（工事監理者）に対して、「悪いことはしないだろう」という性善説に基づき法律が規定されているのです。

これは、建築業界の信頼を大きく損ねた姉歯事件を契機に改正された建築基準法でも変わっていません。性善説に拠った法律のあり方が、同じような事件が繰り返される「問題の本質」なのです。

また姉歯事件を例にとっても、国土交通省が認可した構造計算プログラムそのものが改ざん可能なシステムだったことも忘れてはなりません。これも法の不備といえます。

欠陥問題で責任を負うべきなのは誰か。この問いに対して、ある建築ジャーナリストがこのようなことを言っていました。

「いちばん悪いのは、ある意味では、国土交通省の住宅局と土地・建設産業局です。この2局は、権益を確保するために、建築業界や不動産業界を取り締まることには熱心です。しかし、マンションを購入するユーザーを保護することなどは、ほとんど考えていません。2005年に発生した姉歯元建築士による耐震偽装事件の後、建築基準法が改正されましたが、消費者保護の視点が脆弱でした。そのため、今回の傾斜マンションの問題でも、住民は国交省関係の機関に救いを求めることができませんでした」

権益を確保するために、という主張は私には判断ができませんが、「消費者保護の視点が脆弱」との意見には賛同できます。

なぜなら、もしも一般消費者が欠陥被害をこうむった場合の対処について、そもそも建築の根幹法である建築基準法で規定しなかったからです。関係者から「品確法（欠陥建築のトラブルを防ぐことと、消費者保護のために2000年に制定された法律）に規定しているから」という言い訳も聞こえてきそうですが、**大本の法律である建築基準法に消費者保護を明記すべきです。**

「ときに人間は、悪事を働いてしまうこともある」

この前提に立ち、建築基準法を根本思想から改定する必要があると私は考えます。

第二章　新築信仰があなたを不幸にする

新築マンションはリスク?

第一章では、建築業界の構造的問題や悪しき習慣、そして法律の不備というさまざまな要因によって、偽装や不正が繰り返されてきた実態を追究してきました。なぜ法規制を追加で厳しくしても欠陥マンションがなくならないのか、その理由がおわかりいただけたと思います。これからマンションを購入しようと検討している方にとって、あまりにも不都合な真実だったのではないかと思います。

問題はここからです。では新築マンションが「欠陥マンション」である危険性はどれくらいあるのか。欠陥であった場合、そのマンションの価値はどうなるのか、という点です。

まず危険性ですが、明らかにいえることはこれまで述べてきた例から当然「ゼロ」ではないということです。もっといえば、**私が今までに検査したマンションでは、ほぼ100%、何らかの不備や欠陥が見つかっています。これが現実なのです。**そして欠陥があった場合、そのマンションの価値は確実に下がります。欠陥がある建物を購入しようとする、つまり高額な住宅ローンを抱える「価値」があるとは誰も思わないでしょう。

たとえば、第一章で欠陥マンションの典型的な例として紹介した都心の高級マンション（37ページ）。雨漏りやクラックといった目に見える現象だけでなく、重大な構造欠陥（隠れた瑕疵）が多数見つかったと述べました。販売当時の最高価格は1億円超でしたが、構造欠陥が発覚した途端、売りに出す所有者さんがいました。しかし構造欠陥があることを仲介業者に話した途端、当然のことですが仲介を断られたそうです。つまり資産価値は「ゼロ」です。

このケースは、雨漏り、クラックというわかりやすい現象があったため、瑕疵の発見に至ったわけですが、もし見つからないまま瑕疵担保責任（購入したマンションに瑕疵があった場合、売主が買主に対して契約解除や損害賠償などの責任を負うこと）の期限である10年を過ぎてしまったらどうなったでしょうか？

通常よりも劣化が進み、なおかつ構造欠陥があるわけですから大規模修繕工事の費用は単純に考えると補修工事に要した費用、つまり約10億円（施工ゼネコンのその年の決算に計上された特別損失額から算出）が余分に必要になることになります。入居者すべての方が仮住まいに一時転居が必要になるほどの大補修工事だったからです。

瑕疵担保責任の10年を過ぎて大規模な補修が必要なほどの瑕疵が見つかった場合、自らの責任を認め、自己負担で補修工事を行うゼネコンもありますが、法律上は責任追及できません。最悪のケースでは、マンションの全住民でその費用を負担しなければならず、その場合、全50戸の場合は2000万円、全100戸の場合は1000万円の追加負担が各世帯当たり必要になります。

極端な例かもしれませんが**新築マンションを購入するということは、こうしたリスクを背負うこともセットでついてくるのだということをまずご認識ください。**

私は現在賃貸マンションに家族と住んでおりますが、かつては新築マンションを購入し住んでいたことがあります。売却して賃貸派になったのは、**建築検査に携わるなかでマンションにまつわる諸問題の大きさを知ったことと、資金的なリスク、つまり購入した場合の資産価値と一生賃貸で暮らすことのコストと比較した結果、賃貸のほうがリスクが少ない、と判断したからです。**

本章では、なぜ新築マンションの購入がおすすめではないのか、マンション市場のこれからを展望しつつ、その理由を述べていくことにします。

「いまが買いどき」というセールストークに惑わされない

２０１７年４月に消費税が現行の８％から10％に増税される予定ですが、２０１４年４月に５％から８％に引き上げられたときには、住宅はもちろん、車などの耐久消費財までもが「駆け込み需要」及び「その後の反動減」という現象に見舞われたのは記憶に新しいところです。

また地価もマンション需要が多い大都市圏は上昇傾向にあり、２０１４年から２０１５年の全国平均は２・９９％の上昇で、首都圏では東京都５・１３％、神奈川県１・３３％、千葉県１・０６％、埼玉県０・５８％の上昇。関西圏は大阪府２・８８％、兵庫県１・０３％、京都府２・５２％の上昇です。

金利も低い傾向が続いており、この原稿を書いている段階（２０１６年2月末）で、長期固定金利が特徴であるフラット35の金利は、１・５５～２・１％（返済期間21年以上35年未満）、変動金利であれば０・６％程度（当初借入時、半年変動）といった具合です。

「地価も上がっていますので、さらに地価が上がる前のほうがおトクです！」

「金利が低い、いまが買いどきです！」

「消費税も上がります！」

「賃貸マンションの家賃は捨てるようなものです！」

金利も低く、地価は上昇傾向、そして消費税増税が予定されている現在、新築分譲マンションのモデルルームなどで販売担当者が常套句にしているセールストークです。

「いまが買いどき」とは、業界の決まり文句で消費税増税などはその材料にしているに過ぎません。実際、8％に引き上げられた際でも、「じつは増税後のほうが所得税減税率も上がり総支払額が下がるのでおトクです」などと説明する営業マンもいました。

よくいわれる「購入（分譲マンションを購入し住む）」と「賃貸（賃貸マンションを借り住む）」ではどちらがトクか、の議論も単純に判断できるものではありません。「人生はライフステージによって変わっていくものであり、それに合わせて住まいも住み替えるほうが自由度が高くていい」。そう考える人もいるでしょうし、「立地条件に恵まれ、耐震性能や最新の設備を備えた高品質なマンションであれば、資産価値の上昇も見込める。じっくり吟味して購入し、住宅ローンを払い終えれば資産に転ずる。自分に万一のことがあっても持ち家さえあれば家族を守れる」。そう考える人もいるでしょう。住まいに対する考え方は、その人の価値観が大きく反映されるものなのです。

新築マンションは住んだ瞬間から価値が下がる

この大前提に立ったうえで、ここからはマンションを購入することによって得られる「資産価値」について考えていきます。

まず、**新築マンションには「新築プレミアム」というものがあり、物件の引き渡しを受けた瞬間から価値が目減りしていきます。**どういうことか説明します。

新築分譲マンションの販売価格は、土地及び建物建築費などの原価に、事業主（デベロッパー）やゼネコンなどの施工業者、設計事務所、そして販売担当事業者の利益を上乗せしたものです。

引き渡し後は、「土地及び建物の原価」部分だけが資産価値として「価格」で評価されます。大雑把にいえば、販売価格から事業主等の利益分を差し引いたものが「本来の資産価値」になりますので、新築分譲マンションは引き渡しを受けたその瞬間から価値が下がるということになります。この「差額」が新築プレミアムです。

「新築マンションは買った途端に価値が2割下がる」とは不動産業界で半ば常識のようにいわれること。実際に都心のど真ん中を除けば、どんな物件でも数年後に売却すると、それくらい価格が落ちる傾向にあります。しかも地価や工事費が上がっている現在のような局面では、当然販売価格にも反映されますから、「新築プレミアム」も割高になります。

そして、一般的には10年、20年と住み続けることによって、購入価格の50〜60％程度に目減りする傾向にあります。

自分は一生そこに住み続けるつもりで、老後の安心のため、家族のために購入という選択をするのだから資産価値が落ちたとしても問題ない。そういう方もいると思いますが、急な転勤やリストラなどで住み続けることがむずかしくなる可能性もないとはいえません。そのタイミングで賃貸に出したときの「賃料収入」が、「住宅ローン」の支払額を下回れば途端に赤字となります。

もしくは、借り手がなかなか見つからないかもしれません。それなら売却すればよい、という方もいると思いますが、住宅ローン残金以上で売却できるかどうかわかりません。売却の場合は住宅ローンを清算する必要がありますので、ローン残金以下で売却すればその差額は持ち出し、つまり赤字となります。

恥ずかしながら自分の経験を思い出しました。

「こんなに住環境に恵まれているのだから、たとえ貸すことになっても絶対に賃貸需要があるはず」。マンションを購入するとき、こんな思惑を抱いていました。隣地には賃貸マンションも建っていたので、自分の見立てには自信がありました。

ところが、**実際に必要とされる賃貸需要はファミリー向けの3LDKではなく、単身者や新婚さん向けの1LDKや2LDKが圧倒的に多かったのです。**結果として、到底賃貸に出すことはできず、いま思えば「希望的判断」にすぎました。次に数字で新築マンションと賃貸の価値を比較してみましょう。

購入と賃貸、そのコストを比較

短期的には「分譲時の販売価格」と、売却するときの価格、つまり「実際の資産価値」の差額がプラスであれば「得」、マイナスであれば「損」ということになります。

ただし、一般的に土地の価格はそのときどきに応じて変動しますが、「建物」部分は年々評価額は下降するので経年すればするほど資産価値は下がります。この長期的な視点を加味しなければ正確な比較はできません。そのためには「分譲時の販売価格」に必要経費を加えた総額と、賃貸の場合の総支払額の比較で考えるとわかりやすいでしょう。

必要経費とは、登記費用や不動産取得税などの租税公課、住宅ローンの融資手数料や保険費用で、物件価格の4％程度が平均といわれています。

たとえば購入時の物件価格が4000万円だった場合、4％の160万円が加わり、合計は4160万円になります。これをベースに、賃貸と比較してみます。

同じ地域・同じ広さの新築賃貸マンションの家賃が、共益費を合わせ月15万円と仮定します。1年間の総支払額は15万円×12カ月＝180万円です。10年間住むと1800万円ですね。これに一般的には2年に一度の更新料（1カ月分の家賃）が加わります。

15万円×5年の75万円を追加して、10年間の総額は１８７５万円となります。ちなみに独立行政法人都市再生機構（ＵＲ）の賃貸ならば更新料は不要です。

４１６０万円から１８７５万円を差し引くと２２８５万円となりますが、10年経過後、この金額以上で売却できれば「得」、以下であれば「損」というわけです。

固定資産税や所得税減税を加味していない大雑把な例ですし、単純比較はできませんが、不動産取得（分譲購入）と一生賃貸、どちらが得か考えるひとつの有力な判断材料になると思います。

もちろん「得」する物件もあります。実際にお住まいになっている方からお聞きしましたが、東京23区内で山手線に接続している某私鉄沿線にあるその物件は、新築から間もなく10年が経過しようとしていますが、新築時の分譲価格より２割ほど値上がりしているとのこと。ちなみに山手線の接続駅からは２駅しか離れておらず、地下鉄と相互乗り入れがある路線です。しかし、こういったケースは全体から見るとごく少数。大半は「新築プレミアム」の定説通り、経年とともに資産価値は下がる傾向にあるのは間違いありません。

2022年、地価が大暴落?

都市部の地価は上昇傾向にあると述べましたが、その一方で「2022年に暴落するのでは」と懸念されています。それは都市部の住宅地に点在する「生産緑地」という農地の存在が影響しています。

生産緑地とは、都市計画で保全することが決定した首都圏・近畿圏・中部圏内の政令指定都市などの大都市圏における市街化区域内(いわゆる住宅地)の農地のことです。

この生産緑地は1991年に改正された「生産緑地法」により、保存する「生産緑地」と宅地に転用される「農地」に区分されました。

生産緑地に指定された農地の所有者には、建築物を建てるといった営農以外の行為が制限されるかわりに、固定資産税は農地並みに軽減されます。それ以外の「農地」は、宅地転用を促すために宅地並みの固定資産税を課せられることになりました。しかし、生産緑地の指定条件を改正前より緩和したため、多くの農地は生産緑地の指定を受けました。

ただ、同法の適用には期限があり、指定から30年。つまり、改正法施行時の1992

年に指定された土地は2022年に期限を迎えることになります。このとき、所有者が死亡または農業従事できなくなった場合には、市町村に対し買い取りの申し出を行うことができますが、これまでの実績では、おもに財政上の問題から市町村が買い取るケースはほとんど見当たりません。生産緑地としての買い手がない場合は、生産緑地指定は解除されます。

生産緑地の指定を解除されてしまうと、宅地として売りに出される可能性が非常に高いといわれています。なかには、交通至便な場所も含まれており、そうした土地が大量に宅地として供給されるようになると、地価が下落する可能性が高い。地価が下落すると固定資産税が安くなる恩恵を受けますが、それは資産価値が下がることを意味します。

マンション大崩壊時代の到来

さらに問題になりつつあるのが、**分譲マンションの「ゴーストタウン化」**です。

人口減少、高齢化など社会構造の変化により、**地方では「空き家問題」が深刻化しています。いまのところ一戸建てがおもな対象とされていますが、近い将来、分譲マンシ**

ョンにまで拡大すると予測されているのです。

２０１３年度に国土交通省が発表した「マンション総合調査」によると、マンションの全体空室率は２・４％程度ですが、完成年次別でみると、調査時で築30年以上が経過している１９７９年（昭和54年）以前完成のマンションの空室率は10～15％、築40年以上が経過している１９６９年（昭和44年）以前完成のマンションでは20％を超えています。

空室分の修繕積立金や管理費が払われていない物件も出てきたそうですが、これは何も老朽化マンションに限った話ではありません。

都心の交通至便な場所に建つ超高層のタワー型マンションは非常に人気が高く、特にオリンピックを２０２０年に控える東京では、１億円以上するいわゆる〝億ション〟が即日完売する物件もあるようです。

しかし、自らが居住するのではなく、資産家や投資家が節税や投資目的で購入している例も多く、文化の違いからか「修繕積立金」を払いたがらない外国籍の購入者も目立つと聞いています。

また、上層階と下層階との販売価格の開きが大きく、平たくいえば購入者（居住者）の年収格差も大きいとされており、**大規模修繕の時期に修繕積立金が不足した場合、住民相互の意見集約ができない可能性も指摘されています。**

何より、**投資家が東京オリンピック直前に大量に売りに出すのでは、といった予想が不動産業界で話題となっている**こともあります。

投資家は自らが居住するためだけに購入するのではなく、利益を得るために値上がりを見込んでマンションを購入しています。過去のオリンピック開催地では、開催前は値上がりし、開催後は下落する傾向があるのは紛れもない事実です。経験則から考えると売却を考えるのは当然のことかもしれません。もしもそうなった場合、マンション価格は大幅に値崩れを起こすかもしれません。

これらのことと、第一章でお伝えした新築マンションを取り巻くさまざまな問題点を考えると、新築マンションを購入することに対して懐疑的にならざるを得ません。

買ったつもり貯蓄のすすめ

私個人の話で恐縮ですが、現在は東京都心郊外の賃貸マンションに住んでいます。自宅の最寄り駅は特急停車駅で、自宅から勤務地まで1時間前後。高校生と中学生の子どもが2人、そして妻の4人家族です。

最近、妻や子どもたちがペットを飼いたいと言い出しました。ファミリータイプの賃貸でペット飼育可能な物件は早々に見つかりません。新築分譲マンションであれば、ペットの飼育が可能な物件は比較的多く見つかります。ちょっとシミュレーションしてみましょう。

最寄り駅近くに新築分譲マンションの計画はありませんが、2駅都心より離れた駅（各駅停車のみ）の近くで販売予定のマンションがあります。私のマンションと同じ程度の広さの中心販売価格は4300万円程度です。

賃貸に住み続けるのと、このマンションを購入するのとどちらのほうが得でしょうか。

前提条件は以下の通り。

家族構成：夫40歳、妻、子ども2人の4人家族

物件価格：4300万円（管理費1万8000円、修繕積立金8000円）
頭金：500万円、借入金：3800万円
諸費用：172万円（物件価格の4％と仮定）
借入期間：25年、固定金利1・55％

この条件で、住宅金融支援機構のウェブ上のシミュレーターを使い、算出してみました。結果はこちら。

総支払額約：4587万円
月々支払額：17万8900円（管理費・修繕積立金込み）

厳密には、ここにさらに固定資産税が加わりますが、所得税減税があるので通年ではほぼ相殺できると仮定し、考慮から省きます。

これに対し、賃貸の場合を試算してみましょう。家族構成はそのままで、実際に賃貸の某ウェブサイトで探しました。地域が限定されているので残念ながら新築物件は見つかりませんでしたが、築7年の物件（大手デベロッパー分譲物件の賃貸）がありました。条件は次の通りです。

賃料：14万6000円（共益費込み）、更新料：2年ごとに1カ月分

敷金礼金：各1カ月分、保証料：年1万円

その他：入居時における玄関錠交換代：2万1600円

購入の場合と同じく25年住み続けると仮定して、月々の支払いは賃料と更新料・保証料の月割り分を加えますので14万6000円プラス約7000円で15万3000円。**マンションを購入した場合との差額が、月に約2万5900円**ありますね。これを毎月すべて貯蓄に回したとすると、1年で約31万円、25年で約775万円も貯まる計算になります。加えて、購入の場合は頭金などの諸費用で672万円が別途掛かります。賃貸の場合は敷金礼金その他の雑費として約32万円掛かりますが、その差額は640万円。前述の775万円に加えこの640万円も貯めたとすると、25年後には約1415万円の貯蓄ができていることになります。

一方で、新築マンションには水回りや床暖房など最新の設備とスペックが完備され、断熱、耐震、防音などの性能もグレードが高いという魅力があります。しかし、それらに1415万円も支払う価値があるのでしょうか？

しかも、このシミュレーションは購入したマンションに一生住み続けることを前提にしていますが、ライフプランの変化によって住み替えたいと考える時期がやってくるかもしれません。その点、賃貸であれば、状況に応じて柔軟に対応できる自由度が高いのも魅力です。家族が増えたらより広い物件に引っ越すこともできますし、逆のパターンも考えられるでしょう。仕事をリタイヤした後で賃貸に住むのは当然不安も残りますが、前述の貯金ができていたら、リタイヤ後に社会情勢に応じて中古マンションを購入という選択肢も残ります。

そうやって考えてみると、「いまは買わない」選択肢もありだと思いませんか？

とても大雑把な計算ですし、インフレで現金の価値が下がることもあるでしょう。

また、万が一、自分の身に何かあったとしても残された家族に、せめて「住まい」だけは残してあげたい、または残してほしいという思いもわかります。

しかし、**最近のマンション市場はバブル期の再来かというほど価格が高騰しているという問題もあります。**今年（2016年）1月の首都圏の一戸当たり平均価格は、前年同月比25％増の5570万円で、過去最高だったバブル期の6100万円に近づいているとのこと（2016年2月17日付の日本経済新聞朝刊より）。さらには、先ほどお伝えした東京オリンピック開催後のマンション価格下落の予測なども勘案すると、**やっぱり私は「いま、新築マンションを買うのはやめたほうがいい」といいたい**のです。

そこで、提案です。

どうしても「持ち家が欲しい！」という方は、「新築プレミアム」がない物件を検討してみてはいかがでしょう。すでに建物が存在し、経年しても特に何の問題もない健全と思われる物件。つまり、「中古マンション」です。

外見はともかく、内装をリフォームすれば、新築気分で住まうこともでき、割安に購入できるのも大きな魅力です。どうでしょう、中古物件を狙ってみませんか？

中古マンションのメリット・デメリット

中古物件の大きなメリットは、すでにその建物が存在しているので、**実際の住環境を現実的視点で確認できる**ということがまず挙げられます。

新築マンションの場合は、あくまでモデルルームで専有部のシステムキッチンの仕様を確認したり、内装の雰囲気を確認する程度、共用エントランスや共用廊下などは実際に目で確認するまでは想像の世界です。

「維持管理」状況が確認できるのも中古のメリットといえます。

「中古マンションは管理で買え」という言葉はハウツー本でよく見かけるフレーズですが、共用エントランスや共用廊下だけではなく、ゴミ置き場などの清掃状況や、修繕積立金の積み立て状況などの維持管理がどのように行われているか、すでに住民がいるかららこそチェックできるのは、入居後の大きな参考になると思われます。

維持管理がしっかり行われてきたマンションはそれだけの「実績」があるわけですから、資産価値から見ても魅力的であり、その後も価値が下がる可能性は小さいかもしれません。

デメリットは、「価格」が大きく変動することでしょう。

中古物件の所有者が売りに出す場合、一般的に仲介業者に依頼します。この場合の「販売価格」は、あくまで希望であって、実際の売買が成立する金額ではありません。売主側仲介業者との交渉で、一気に数百万円も下がることもある世界です。

それ以外にも、仲介業者が依頼を受けた物件を広く一般に公開せず、自社に問い合わせをしてきた買主候補にしか紹介しない「抱え込み」問題などが報道されていますが、その価格が適切なのかどうか判断が難しいところです。

なお、**最近は「買取り再販」という形態もあります。**

これは不動産業者が物件を買取り、リフォームやリノベーションを施し、価格を決めて販売する形態です。一般的な中古物件の売買が、個人対個人の取引であり、その間を取り持つ仲介業者が売主と相談し販売価格を決める「価格変動取引」であることに対し、買取り再販物件は、売り出す側が不動産会社で、値段はリフォームやリノベーションをした後の「決定価格取引」になります。

ある意味、「面倒くさくない」ので、最近はこのリノベーション案件が増えてきています。間取りもトレンドを反映して変更してありますし、キッチンなどの住設機器も新しいものに交換されていますので、新築気分を味わえるというメリットがあります。デメリットは、リノベーションする前の仕入れ価格（買取り再販業者の取得価格）が不明なので、**リノベーション工事費用が適正かどうか不明確**な点が挙げられます。つまり、利益が大きく乗せられている可能性があり、自分でリノベーションを行うよりも割高かもしれないということです。

狙い目の中古物件の条件とは

これらを踏まえて、不動産業者的観点から諸々調べた結果お勧めするとしたら、次のような条件を挙げたいと思います。ベストは、

・2003～2005年竣工（築11～13年）で、なおかつ大規模修繕を実施済みの物件です。2003～2005年頃は、後の2006～2007年頃の不動産プチ

バブルといわれていた時期に竣工したマンションに比べ、地価も平均工事単価も低かったため、全体的に割安と言えます。つまり販売時の価格が同じであっても、専有面積が広いマンションが多いということです。築11～13年が経過していますので価格も安定傾向にあり、今後大幅に下がることは少ないともいえます。

ただ、これは大規模修繕の実施時期の関係でなかなか難しいかもしれません。築11～13年経過程度であれば大規模修繕の計画はあっても実施していない物件もあるからです。

そうなると、

・2000年以前に竣工した物件で、築年数を気にするのであれば1回目の大規模修繕を実施済み物件（築16年程度）

・築年数を気にしないのであれば2回目の大規模修繕を実施済み物件（築20年超）

も候補に挙がります。大規模修繕実施後がおすすめなのは、施工不備などが補修されている可能性が高いこと。そして、次の大規模修繕実施時期までは時間がありますので、修繕に必要な足場が建てられてバルコニーに洗濯物が干せない、などの制約が当面発生しないからです。後述（155ページ）しますが、より良いのは、万が一建物に不備があったとしても、瑕疵を立証し不法行為を問える竣工後20年未満の物件かもしれません。

立地条件も重要ですよね。資産価値が下がりにくいことに配慮しながら、私だったらこう考えます。

・駅まで徒歩15分圏内で、複数の路線が使用できるターミナル駅であること

バスを利用せず日常苦もなく歩けるのは、個人的にはやはり15分圏内が限界ではないかと思うからです。不動産の専門家の方々でも10分とする方や15分とする方もいて意見が分かれています。個人差は当然あると思いますが、ただひとつ確実にいえることは、間違ってもバスでしか駅にいけないような物件は避けるべきでしょう。

そして立地としては都心がベストですが、それが難しい場合は、

・都心部ターミナル駅まで30分圏内

首都圏であれば東京、新宿、池袋、渋谷、品川、上野などのターミナル駅がこれに該当します。また、都心部からできるだけ離れないほうがいいのは、資産価値の面でもいえます。

そして、じつは最も大事なのが次の2点です。

・将来にわたり周辺環境の変化が少ない立地

・建ぺい率、容積率に余裕がある敷地

環境については、隣地が公園などがこれに該当します。人口減少が確実に進むなか、公園をつぶすことはほぼあり得ないと考えられるからです。

建ぺい率、容積率は後述（96ページ）しますが、両方ともできれば余裕があるほうが望ましいです。どちらか一方となると容積率に余裕があるほうが優位です。

これは将来の建て替えを考慮した場合、現状より多い部屋数が確保でき、多くなった部屋の分譲利益で自分たちの負担が減ることが予想されるからです。

中古マンション購入の際にチェックすべき4つのこと

そして、建物自体の質について確認すべきことは次の4つになります。

①住環境に関する維持管理状況
②居住性に関する維持管理状況
③耐久性に関する維持管理状況
④管理組合の運営状況

それぞれ詳しく見ていきましょう。

①住環境に関する維持管理状況

ここでいう住環境とは、おもに清掃や騒音など集合住宅としての環境維持のための管理を指します。こうした日常の管理業務は「管理会社」に委託されていることが多く、それも、新築分譲時の事業主（デベロッパー）の関連会社であることがほとんどです。場合によっては、年数が経過し、ほかの管理会社に委託し直されるケースもありますが少数派でしょう。

管理人は常駐しているか、巡回して管理しているかの違いがあり、総戸数１００戸を超えるような、いわゆる大規模マンションは常駐管理であることが多いようです。目が届きやすいというメリットがありますが、実際は、巡回でも常駐でも、清掃などの業務は週に何回というように管理会社と契約しているので、あまり大きな差はないと考えてもらってかまいません。**実際に物件を数回見に行き、清掃や騒音などについてどのように管理が行われているか、日常の状況をご自身の目で確かめることが重要です。**

②居住性に関する維持管理状況

マンションを長期にわたって快適で安全な住まいとして維持し、また資産価値を保全するためには、日頃から保守・点検や修繕を行うとともに、**将来、必ず行うべき大規模修繕に備えた計画が必要になってきます。**これを「大規模修繕計画」といい、どのマンションにも必ず存在します。「長期修繕計画作成ガイドライン」（国土交通省）などを参考に管理会社が作成することが多く、この計画に基づき、「修繕積立金」を月々積み立てることが求められます。

修繕時期は項目ごとに目安があり、たとえば、屋上防水の点検補修は10〜12年、24年後に撤去新設、電気メーターなどが設置されているパイプシャフトの扉の塗装は4〜5年ごと……というようにガイドラインに示されています。

ここで確認していただきたいのは、この**ガイドラインから大きく外れた補修が行われていないかどうか**です。たとえば、「共用エントランスの電球が破損していたため、取り替えた」など、イレギュラーな補修費が多いようですと、あまり丁寧に使われていない可能性が考えられます。補修の履歴は管理組合の総会資料に添付されていますので資料を閲覧させてもらいましょう。

③耐久性に関する維持管理状況

②でも少し触れましたが、一般的に大規模修繕は竣工後10年を経過する頃に計画されます。これは屋上などの防水工事の保証期間が10年であることが大きく影響しています。問題があれば、無償で補修してくれる期限が来る前に建物の調査を行い、劣化状況を確認し、たとえば2年後に実施するのか、それとも直ちに実施するのかを決めます。

一般的に10年が経過した後に実施する項目は、「屋上や床などの防水」「外壁やタイルの塗装」「共用エントランス扉などの建具や内装」などたくさんありますが、実施したほうが建物の耐久性に良い影響を及ぼす工事をすべて行う場合、この修繕積立金が大きく不足する事態が頻発しています。

これは、売主である事業主（デベロッパー）が大規模修繕積立金及び一時金（修繕積立基金）を少なく見積る傾向があるからです。マンションのゴーストタウン化のところで述べたように、**積立金が不足した場合、追加で居住者に負担を求めることになりますが、全員から徴収できずにトラブルになっている事例も出てきています。**

こうした状況に危機感を覚えたのか、国土交通省は２０１１年、「マンションの修繕積立金に関するガイドライン」を策定しました。

それによると、「階数15階未満」「全体延べ床面積5000平米未満（ファミリータイプ50戸程度の小規模マンションに該当）」の場合は、専有部分の床面積当たり218円／月となっています。

これは、新築から30年の間に必要とされる修繕工事費の総額を、毎月均等に積み立てる方式（均等積立方式）にした場合、必要な専有面積当たりの修繕積立金を算出したもの。仮に75平米のマンションであれば218円×75平米＝月額1万6350円、30年間の総額は588万6000円となります。あくまでもマンションの共有部分の修繕積立金の目安ですので、専有部のユニットバスやキッチンを交換する場合は含まれていませんし、都心でよく見かける機械式駐車場の修繕費に関しても、ここには組み込まれていません。

ちなみに、私の住まいの近くで計画されているマンションのいちばん専有面積が少ない住戸が約76平米でしたので調べてみると、月々の修繕積立金が月額7360円で、修繕積立一時金（基金）は66万2300円となっていました。

・7360円×12カ月×30年＋66万2300円＝331万1900円

となり、国土交通省のガイドラインと比較すると約260万円不足しています。このため、**実際に大規模修繕が必要になったとき、260万円を別途で徴収される可能性が高いのです。**しかも、ガイドラインが策定された2011年に比べて工事費は上がり、今後もその傾向は続くと見込まれています。こうした状況の変化のなか、大規模修繕が必要になったとき、どれだけ居住者が負担しなければならなくなるか、デベロッパーはまず説明することはないでしょう。自分たちに不利、つまり売れなくなる情報だからです。

新築マンション市場に懐疑的なのは、これも理由のひとつです。

対して**中古物件の場合は、大規模修繕実施の有無や修繕積立金の徴収具合、たとえば、どれくらい未納者がいるかなどを確認できるのは大きな安心材料といえます。**仲介業者に依頼すれば管理組合に問い合わせしてくれます。売主側が個人であっても買取り再販事業者であっても同様です。

④管理組合の運営状況

中古マンションの購入を検討する際、じつはこの**「管理組合の運営」がいちばん重要なことかもしれません。**

そもそもマンションの維持管理は、専有部所有者（「区分所有者」といいます）全員で構成される「管理組合」で協議して対応に当たっています。マンションを購入すると自動的に管理組合員となり、区分所有者でなくならない限り、組合を脱会することはできません。

管理組合のおもな役割は、共用部分を維持管理し、全住民が快適に暮らせるように整備することによってマンション全体の価値を維持、向上することにあります。

マンションの居住者にはいろいろな方がいらっしゃいます。それぞれ職業も違えば家族構成も違います。建築や不動産業界にかかわりがある方もそうでない方も、管理組合の活動を積極的に行うことを苦としない方も、かかわりたくないと考えておられる方もいらっしゃるでしょう。

ほとんどの管理組合では居住者から数名の理事を選出し、そのなかから理事長を決定しますが、その選出方法は持ち回りであることが多数派です。

新築竣工・引き渡し直後は管理組合で取り決める内容を協議する事項が多く、理事会は頻繁に開催されますが、落ち着いてくると2〜3カ月に1回、なかには半年に1回という理事会もあります。また、居住者が年に一度一堂に会し総会を開きますが、年数が経過するとともに出席率は低下し委任状提出率が上がる傾向が顕著です。

そんな運営状況のなかでも、先ほどの管理費・修繕積立金の見直しや、管理会社の変更を検討するなど、積極的に「維持管理」にかかわっている管理組合もあります。

先ほどご紹介した「中古は管理で買え」という言葉ですが、その内容は「共用部の清掃状況」や「管理形態（常駐または巡回）」を指していることが多いように見受けます。でも、それらは二の次三の次で、**最も重要な管理とは、「管理組合の運営」だと断言します。**

国家の運営である政治の世界でも、会社を運営する取締役会でも、活発に議論され、ときには批判を浴びながらでも、目指す共通項目に向かっている組織と、そうでない組織の違いは察して余りあると思います。

管理組合も同じ「組織」である以上、同様の姿勢が本来必要とされていると思います。修繕積立金の徴収具合同様、**仲介業者に総会や理事会の議事録を閲覧できるよう依頼し、議事の内容を確認することは非常に重要です。**管理費・修繕積立金の見直しや、管理会社の変更検討などを行っている形跡があれば◎です。こういった部分を実際に確認できるのは中古物件の大きなメリットだと思います。

修繕積立金の徴収状況や積立状況は、仲介業者や売主側に問い合わせればわかると述べました。個人が売主の場合は、管理組合に問い合わせる必要が出てくるので時間がかかるかもしれませんが、これを調べずに購入することは、自らリスクを背負うことになるので、面倒でも必ずクリアにしておきましょう。

また、平日や休日、昼間や夕方など、実際に人の出入りを自らの目で見ることも必須です。

ちなみに「マンション総合調査」（国土交通省、２０１４年４月発表）によると、**「管理費・修繕積立金を3カ月以上滞納している住戸がある管理組合は37%」との調査結果も出ています。**驚きの数字ですね。滞納者がこれだけ多いと、回収するにも手間と時間がかかります。場合によっては、滞納分を皆で肩代わりしなければならないこともあり得ます。

老朽化マンションは建て替え不能?

マンションのゴーストタウン化について前述しました。首都圏を中心に中古マンションの空き家（売れ残ったままの在庫）が増え続けており、このままでは供給過剰による価格暴落がおき、売り手も買い手もつかないゴーストタウンマンションが増える可能性があるという話です。

そこで指摘した通り、空き家が増えればマンション管理組合の機能も滞り、管理費や修繕積立金が不足した結果、管理不全に陥ったマンションも出てきています。

こうした老朽化に起因する問題（耐震性不足も含む）を解決する有力な手段として、真っ先に浮かぶのは「建て替え」です。**しかし、老朽化しているからといって、簡単には建て替えできないのが集合住宅であるマンションの宿命なのです。**

建て替えには当然ながら大きな費用が必要になります。少しシミュレーションしてみましょう。建て替え対象の建物条件は住宅情報誌からチョイスしました。

・東京都23区内、鉄筋コンクリート造8階建て、広さは3LDK（70～75平米）、全45戸、建物全体の延べ床面積は３８４５平米、坪換算すると約１１６３坪（３８４５×０・３０２５）

東京都の鉄筋コンクリート造解体費用相場は坪当たり４万～６万円、建築相場は坪当たり80万～82万円（国土交通省住宅着工統計より）ですので、解体費用は１１６３坪×４万～６万円で４６５２万～６９７８万円、新築費用は１１６３坪×80万～82万円で９億３０４０万～９億５３６６万円、解体費用と新築費用を合計すると９億７６９２万～10億２３４４万円は必要になります。

同じ規模の建物しか建てられない場合、この費用は居住者全員で負担することになりますから、一戸当たりに換算すると約２１７０万～２２７４万円、これを各区分所有者で負担することになります。

建て替えが必要になるくらいのマンションは築40年以上経過していることが多いので、区分所有者の年齢も年金暮らしの高齢者が占める割合が自然と高いことが予測されます。**建て替えには区分所有者の５分の４の賛成が必要なのですが、費用負担が難しい所有者が多ければ合意形成ができない可能性が高い。**そうした理由から建て替え不能な老朽化マンションが今後は増えていくと思われます。

ただし、建ぺい率や容積率に余裕のあるマンションであれば、建て替えられる可能性は残されています。その余裕分で新たに戸数を増やして販売し、その収益を建て替え費用に充当することができるからです。たとえば、もともとは50戸のマンションで、20戸が新たに追加され、計70戸の物件に生まれ変わったとした場合、追加された20戸分の新規分譲（販売）利益をもともとの50戸の所有者に分配することにより所有者の負担額は減少することになります。

ただし、これも実際に実現したケースは稀にしかありません。どういうことか説明します。

建ぺい率とは、敷地面積に対して建てられる建物面積（建物を上から見た水平投影面積）の割合のこと。容積率とは敷地面積に対する延床面積（各階の床面積の合計）の割合。つまり、その敷地に対してどれくらいの規模（床面積）の建物が建てられるかの割合のことです。たとえば、敷地面積200平米（約60坪）の土地があり、建ぺい率が50％、容積率が100％とすると、建物面積の最大は100平米、延床面積は200平米となります。

つまり、法規で定められた建ぺい率や容積率に対して余裕のあるマンションであれば、建て替えることによって部屋数を増やすことが可能なわけです。しかし、現実には分譲マンションを供給する事業主（デベロッパー）は、最大の利益を得るために建ぺい率、容積率に余裕を持たせることはまず考えません。

しかも、仮に容積率が余っていたとしてもさらなる壁が立ちはだかる場合があります。「既存不適格」という法律の壁があるのです。

そのマンションが建設された後、法改正や行政の条例改正により、高さが新たに規制され、その後新たに建築する場合、高さを下げなければならない場合もあります。そのため、**部屋数を増やすどころか減らさなければならない場合もある**のです。「既存不適格」とは平たくいえば「建設当時は合法だけれども現在は違法建築物ですよ」ということです。

さらに郊外のマンションでは、そもそも立地的魅力がなくマンションとして適さない場合もあります。容積率に余裕があり部屋数を増やせたとしても売れなければどうしようもありません。

こうした事情から老朽化マンションの建て替えは進んでおらず、国土交通省の調査によると、2015年4月現在で実施された物件は累計で211件ほどに留まります。現在、日本のマンションストックは600万戸あり、そのうち築30年以上のマンションは約140万戸、建て替えの目安となる築40年以上は約44万戸にのぼります。さらに、今後マンションの老朽化は急速に進み、築40年以上のマンションは10年後には140万戸、20年後には277万戸に達するといわれています。

マンションは供給過剰から価格暴落へ

こうした現状を打開するため、今年（2016年）1月、国土交通省は老朽化したマンションの建て替えを促す方針を示しました。

それによると、所有者の5分の4以上の合意が必要となっている建て替えの要件について、**公園の整備などとともに再開発する場合は3分の2以上の合意に緩和するとのこと**。国もマンションの空き家問題について相当な危機感を抱いているのでしょう。

しかし、その程度では抜本的対策とはいえません。極端かもしれませんが、敷地内で公園の整備を行う場合は容積率も高さ制限も緩和するぐらいの思い切った対応が必要なのではないかと思います。

しかも、首都圏といえども東京オリンピックが開催される2020年をピークに人口減少が予測されているデータもあります。これには、少子高齢化によりマンションを購入する中心世代の30代40代の人口が確実に減少することも伴っています。

新築であろうが中古であろうがマンションを購入しようと考える人口が減少することになりますので、新築を供給する事業主も中古マンションの所有者も売ろうにも売れない、売れずに在庫が積み上がる、在庫が積み上がれば価格は暴落する……という負のスパイラルに。前述したように、投資家がオリンピック直前に売ってしまい、市中に大量の中古マンションが放出されると、さらに価格の暴落は免れません。

ストレスフルな住民同士のトラブル

最後に、新築でも中古でも考えなければいけないリスクについてお伝えします。それは「住民相互の問題」です。

分譲マンションは居住者（厳密には区分所有者）全員で管理組合を構成しますが、それはつまり、分譲マンションが「集合住宅」であるということにほかなりません。職業などの社会的属性や家族構成が異なる「複数の家族」がひとつの建物に「集合」して暮らす「住宅」ということです。

入居後、必ず起きるのが生活騒音の問題です。以前はどの物件も床フローリングの遮音性能を示す「L値」を、パンフレットや物件ウェブサイトの「設備・仕様」欄にほぼ必ず記載していましたが、最近はまったく見かけません。これ見よがしに、この「L値」を記載していた結果、引き渡し後に居住者から苦情が多発し、なかには裁判になった事例もあるからです。

ちなみに、このL値は「LL」と「LH」があり、「LL」が軽量衝撃音（スプーンなどを落としたときの衝撃音）、「LH」が重量衝撃音（重いものを落としたときの衝撃音）を示す値です。

たとえば「フローリング材にLL-45を使用」と記号のうしろに数字がありますが、この値が小さいほうが遮音性能が高くなります。

そもそも重量衝撃音は、床コンクリートを厚くするしか対処方法はないのですが、そういった「事実」を記載せず、聞こえのよい遮音性能を強調してきた結果だといえます。デベロッパーと争いになる例は稀ですが、やはり住民相互でもめることは、どの物件でもあるでしょう。

なお、L値を記載しなくなったかわりに、最近のアピールは建物を支える「地盤」の状態、たとえば「杭が必要ない固い地盤です！」や「杭」が必要であっても「○本もの杭を強固な地盤に施工しています！」などが定番です。

また、法整備が進み省エネ志向もあり、サッシの断熱性能については、どのデベロッパーも懇切丁寧に記載しています。時代を反映していますね。

新築のファミリータイプの分譲マンションの場合は、購入する年代も近い場合が多く、家族構成も似通っており、お子さんたちの年代も近いということが多々あります。子どもを通してのおつきあいが始まりますが、合う合わないはあるでしょう。仲が良いうちはいいのですが、家族に対する考え方や教育方針は各家庭によってそれぞれですので、子どもが大きくなっていくにつれ、そういった問題が顕在化する例をよく耳にします。

子ども同士のトラブルもあります。どうしようもないいたずらっ子やいじめっ子がいて困っているといったことも聞いたことがありますし、私も実際に経験しました。

ごみの出し方や駐車問題など、共用部に関するトラブルも必ずといっていいほどあります。「ウチのマンションにはない」と思われているかもしれませんが、ただ顕在化していないだけです。なかには、トラブルが解決できずに、ノイローゼ状態になってしまった人も。こうした事例は、新築に限らず中古マンションでもあることです。

持ち家幻想は捨てるべき時代に

経済的効果が高いためか日本は国策として「持ち家」を推奨してきました。不景気になると「持ち家推奨」のため、たとえば所得税減税等の対策を矢継ぎ早に繰り出すことからもご理解いただけると思います。

欧米諸国と比べると公的賃貸住宅の整備が遅れているとされるのは、こうした「景気対策」からきているといわれていますが、それでも優良な賃貸住宅はあります。

社会情勢の変化は予測が難しく、住宅問題についても何が起こるかわかりません。都心の容積率を上げる法改正を行い、老朽化しているマンションを国が買い上げ、少子高齢化対策の一環として建て替え、若年層や高齢者世帯に賃貸住宅として供給する、といったウルトラC的政策を国がとるかもしれません。

いずれにせよ、これまで述べてきたように現状を見ると、「マンション」を「資産」として考え購入する時代は終わったと私は見ています。

いまや世界はグローバル化しています。中東や欧米でのテロや難民問題、朝鮮半島の核問題、中国の南シナ海の領有権主張に起因するアメリカやASEAN加盟国との緊張の高まりなど不穏な動きもありますので、日本の経済状況もどうなるかわかりません。

これだけ変化が激しく、日本経済も不安定、国の住宅政策もどう変わるかわからないなかでは、そのときどき、自分のライフスタイルや時代に合わせて住み替えるもの、つまり「賃貸」と捉えるほうが得策ではないか。

これが私のいまの正直な気持ちです。そう考えると、やはり「買わない」選択肢が自分としてはいちばん賢い手段だと思っています。

第三章

マンション価値を下げない業者の選び方

デベロッパー編

信頼できる会社、できない会社

第一章では欠陥マンションがなくならない原因を考察し、第二章では新築マンションだけでなく中古マンションにおいても購入するリスクがあることをお伝えしてきました。こうした現状と予測から、私は「いまマンションを買うのは得策ではない」と結論づけています。とはいっても……。

さまざまなリスクがあるのはわかった。それでも、自分はマンションを買いたい。

そう思われている方もいらっしゃいますよね。お気持ちはよくわかります。私も現在は賃貸派とはいえ、もしも自分の身に何かが起こったら家族は……と想像すると、購入派に寝返りそうになるときもあります。

本来、不動産事業者も建築事業者も、いい加減に取り組んでいるわけではありません。よい住環境や品質の高いマンションを提供しようと、それぞれの立場で全力を傾けている人たちは必ずいると信じています。私が検査業務をきっかけに出会う建築業界の方のなかにも、そうした気概ある担当者は大勢います。

ただ、どんな業界でもそうですが、そうではない事業者が存在することも事実です。

そこで、本章では具体的な企業名を挙げながら、各社の評価できる点、できない点を私の経験から客観的に述べたいと思います。

マンション建設には多くの企業がかかわっているわけですが、**消費者のみなさんが直接関係するのは、売主であるデベロッパーと、その建設工事を総括的に管理するゼネコンの2つです。**売主と建設会社、ここがしっかりと建築中の管理を行っていれば、「欠陥マンション」を購入することはまずありません。

では、どんなデベロッパーとゼネコンだったら信頼できるのか。危ない会社はどこで見分けるのか、それぞれ詳しく見ていくことにしましょう。

そもそも、デベロッパーの役割って？

まずは事業主であるデベロッパーの現状を調べてみました。

2014年の販売戸数ランキングでは、
1位　住友不動産（約6310戸）
2位　三菱地所レジデンス（5300戸）
3位　野村不動産（約4820戸）
4位　三井不動産レジデンシャル（約4640戸）
5位　東急不動産（2550戸）
の順となっています。
なお、6位には住宅メーカーでもある「大和ハウス工業」（約2290戸）、7位には近畿圏での販売戸数が多いプレサンスコーポレーション（約2270戸）がランクインしています。
このランキングは年によって変動はありますが、20位以内に登場するデベロッパーはここ数年は大きく変わっていません。
ちなみに、2014年1位の住友不動産の首都圏販売戸数5190戸に、同年の首都圏の新築マンション平均購入価格4340万円を乗ずると、約2252億円。一大事業であることがわかります。

デベロッパーの仕事は、マンションを建てられる土地を仕入れ（用地取得）、計画を立て（物件企画・商品企画）、完成した建物を販売する（建設及び販売）というもの。それぞれの段階には、細かい業務がたくさんあります。

たとえば「用地取得」には、売りに出ている土地や出そうな土地の情報収集、その土地でどの程度の規模のマンションが建築できるかといった調査の実施。そして、実際に現場に出かけて周辺環境（学校や図書館などの公共施設やスーパーマーケットなど日常に必要と思われる施設等）の情報を集めます。事業として成り立つと判断した場合は、用地取得交渉（売買交渉）、そして用地購入契約に至るといった具合です。

イメージ戦略に騙されてはいけない

マンションを売って経営を成り立たせているデベロッパーにとって、消費者が住みたい、買いたいと思う「売れる商品」をいかにして世に送り出すかが事業の要。

たとえば住友不動産の主力ブランドであるシティハウスは、「ハイクオリティな都市型集合住宅」で「駅への近さ、ビジネス・文化拠点への近さ、周辺生活施設の充実度等にこだわりを見せる、都市生活の利便性を謳歌できるモダンなライフステージとしてブランドバリューを確立」などとホームページで謳っています。

最近は、ほとんどのデベロッパーが、こうしたブランド戦略を広告に採用し、ブランドが持つ（持たせたい）イメージに合わせ企画を進めています。

しかし、この**イメージが曲者**です。

700箇所以上に不具合が見つかり、建て替えが決まった「ザ・パークハウスグラン南青山高樹町」の事業主である三菱地所レジデンスのウェブサイトには、「ザ・パークハウスグラン」ブランドについて、こう書かれています。

ザ・パークハウスの中でも都心立地を選び抜き、最高水準のグレードを目指した都心におけるザ・パークハウスのフラッグシップシリーズ。その技術や仕様・素材等あらゆる面においてクオリティを妥協なく追求し、美意識や五感に響く住まいの理想を形にし続けます。

また、このブランドを売り出すときの報道資料には、「ザ・パークハウスの最高水準・最高品質の住まい」とありました。

マンション購入本に「デベロッパーの広告や宣伝文句に騙されてはいけない」とよくありますが、まったくその通り。それでは、何を基準にすればよいのでしょうか。

大手の品質管理体制を診断する

デベロッパーは何を基準に選べばよいか。

それは、**「品質管理」**です。

なぜならば、ここまでも再三述べてきましたが、この本の目的は「欠陥マンションを購入しないこと」だからです。したがって、まずチェックしたいのは、その**デベロッパーの社内に施工現場の「品質管理」を専門に行う部署があるかどうか**です。

冒頭に挙げた、住友不動産、三菱地所レジデンス、野村不動産、三井不動産レジデンシャル、東急不動産に、東京建物、大京の大手2社を加えて、「メジャー7」と自称する7社。この7社が共同で運営しているウェブサイトから、イメージ戦略の部分は無視し、各社の「品質管理」の「質」について見てみることにしましょう。

①住友不動産

品質に関するアピールはまったくありません。自社のウェブサイトでも「住友グループ一貫体制により、ご契約者・ご入居者様をサポート」と大見出しでありますが、やはり品質に関するアピールはありません。

②三菱地所レジデンス

「5つのアイズ」を紹介し、マンションの品質管理・性能表示システムである「チェックアイズ」があることを説明しています。さらにはマンション建設中の施工状況を購入者に報告する「チェックアイズ・レポート」に取り組んでいることも記載されています。

③野村不動産

「信頼」の項目で「施工者の検査に加え、事業主も検査を行う体制で品質管理に取り組んでいます。何より大切なのは、スタッフすべてが共有できる『住まいづくりの尊さと責任感』という意識であると考えています」とあります。

④三井不動産レジデンシャル

「3つのクォリティ」のひとつとして「基礎や柱の強度などの基本性能であるＬＱ（Latent Quality＝後になってわかるクォリティ）」「独自に導入した品質マネジメントシステム『ＴＱＰＭ』（Total Quality Project Management）によって、より高い次元で実現し」とあります。さらには、「建設におけるすべての工程において、施工会社などの検査だけに頼ることのない、社員自らによる徹底したチェックを行っています」と、管理体制の充実を強くアピールしています。

⑤東急不動産

厳しい「品質基準」を設定しているとアピールしており、詳細な記述が自社のウェブサイトにあります。それによると、クオリティプロセス（Quality Process）として「杭や基礎の検査・確認」「鉄筋やコンクリートの安全性を検査・確認」し購入者へ「コンストラクションレポート」なるレポートの提出や建築現場見学会の実施をアピールしています。

⑥東京建物

住友不動産同様、品質に関するアピールはまったくありませんが、自社のウェブサイトで、

・独自の設計標準、品質管理の徹底と、何回もの自社検査を実施する「東京建物ＣＨＥＣＫ」

との記載があります。ただし「東京建物ＣＨＥＣＫ」の具体的内容は見当たりません。なお、東急不動産同様、「構造の概要や工事手法の説明などとともに、建築現場の進捗状況のレポートや見学会」との記載はありました。

⑦大京

「かけがえのない家族の幸せのために、基本品質の確保は不可欠です。ライオンズマンションがその基本品質を確保するために、独自に設けている施工基準は１００項目以上。家族に永く安心して暮らしていただくこと。それが、ライオンズマンションが考える基本品質です」とありますが、施工基準等に関する具体的な内容は同社のウェブサイトでも見当たりませんでした。

こうして自称メジャー7のこだわりを比較してみると、住友不動産以外の6社は品質に関してそれぞれの姿勢を示していることがわかります。住友不動産が言及していない理由は定かではありませんが、「品質が良いのは当たり前」なのであえてアピールしていないのかもしれませんね。もちろん皮肉です。また、あくまでも自社のアピールでありイメージ戦略の一環であることは忘れてはいけません。

リーマンショックを契機にますます手薄になる「管理」

ウェブサイトから得られる情報だけで判断すると、デベロッパーの社内に施工現場の「品質管理」を専門に行う部署があると判断できるのは野村不動産（事業主も検査を行う体制）と三井不動産レジデンシャル（社員自らによる徹底したチェック）の2社だけです。

もちろん他社にも存在しているかもしれませんが、この2社だけが言及している背景を考えると、もしかすると部署はなく建設担当者が兼務している可能性も考えられます。

そこで各社ウェブサイトから組織図を確認してみました。

①**住友不動産**……分譲部門で商品企画部や企画管理部はありますが、品質に関する部署は見当たりません。
②**三菱地所レジデンス**……クオリティマネジメント部門に品質管理部がありました。
③**野村不動産**……住宅事業本部に品質管理部がありました。
④**三井不動産レジデンシャル**……品質企画部という部署がありますが、品質管理に関する部署かどうかわかりません。
⑤**東急不動産**……住宅事業ユニットが分譲マンションの部門と思われますが品質に関する部署は見当たりません。
⑥**東京建物**……住宅事業本部に住宅商品管理部がありますが品質管理に関する部署かどうかわかりません。
⑦**大京**……建設サポート部という部署がありますが、品質管理に関する部署かどうかわかりません。

アピールサイトと自社のウェブサイトを合わせると、両方で確認できたのは野村不動産のみ、どちらか一方で確認できたのは三井不動産レジデンシャルと三菱地所レジデンスの2社、のこり4社は不明です。そこでメールで問い合わせてみました。

約1カ月の間に回答があったのは、東急不動産と大京の2社でした。ウェブサイトからの問い合わせですので、各社とも「連絡がない場合は再度の問い合わせを」との注意書きがありましたが、公平を期するため再問い合わせはしていません。また、回答内容に対する質問も行っていません。あらかじめご承知おきください。

回答によると、東急不動産、大京ともに社内に品質管理部門があり、両社とも社員が担当しているとのこと。また、具体的な品質管理体制（実際の検査実施頻度など）については、東急不動産が「着工から基礎工事、躯体工事、内装仕上工事、竣工などそれぞれのタイミングで品質管理部門が検査を実施」、大京が「２００６年に品質管理室を設置、施工の各段階で品質強化の取り組みを実施」とのことでした。

なお大京は、昨年（２０１５年）の杭データ改ざん問題によって建築業界に対する信用が低下していることを重くみたのか、同年11月から「基礎工事（杭打ち工事）の最初の試験杭施工時には事業所施工管理担当者に加え、品質管理部門の構造担当者が立ち会うようにしている」とのコメントがありました。

東急不動産は品質管理部門が検査を実施していることを明言しており、また「コンストラクションレポート」なるレポートを購入者へ提出することもウェブサイトで明確にしていますので取り組みとしては評価できると思います。

大京は文面だけで判断すると、通常は各事業所（本店・各支店）の施工管理担当者が検査を実施し、品質管理部門は試験杭には立ち会うが、ほかの工程では検査を実施するのか明確になっていないようです。施工管理担当者は予算や工程管理等も行うと思われますので、少しインパクトに欠けるかなといった印象を持ちました。

私は建築業界に携わって28年になりますが、昔は、たしかに施工業者、特に配筋業者から「あそこ（デベロッパー名）の仕事は、あまりやりたくない」と嫌がられるデベロッパーはありました。「とにかくデベ（デベロッパーの略称）の検査がうるさいんだよ」などと愚痴をこぼす鉄筋工や型枠大工の話を聞くことも。

しかし、それは7〜8年くらい前の話です。そう、リーマンショック前までですね。最近は、全然耳にしないなぁと思い、現場の職方に何度か「〇〇〇（某デベロッパー名）って品質管理は最近どうですか？」と聞いてみました。すると、「昔はうるさかったけど、最近はそうでもないね」と答える職方が増えてきました。東京都内の配筋業者大手（鉄筋工の元締め）の担当者も同様のことを口にします。それどころか、「いまはおたく（弊社のこと）が検査に入っている案件のほうが断然ヤダよ」といわれるくらいです。

先ほど、デベロッパーの社内に施工現場の「品質管理」を専門に行う部署があるかどうかが重要と述べましたが、こうした現場レベルのリアルな声を拾っていくと、社内に品質管理を専門に行う部署がある会社は少ないし、たとえあったとしても「絶対安心」とはいえないのが実状です。

欠陥が発覚した直後が狙い目

大手だからといって信頼できない、品質管理へのこだわりをアピールしているからといってそれも鵜呑みにできない……となると、いったい何を基準にデベロッパーを選べばよいのでしょうか。

強いていえば、**「問題が発覚したマンションのデベロッパー」が手がけ、「問題が発覚した直後から施工を開始する物件」**はよいかもしれません。

欠陥マンションを建てた張本人なのに!? と意外に思われたかもしれませんが、私がオススメする理由は、**名誉を挽回するために、その会社は一気に「品質重視」にシフトする可能性があるから**です。

新築マンションを検討されている方には、「パークシティLaLa横浜」の事業主である**三井不動産**(実際には明豊エンタープライズも名を連ねていますが)や「ザ・パークハウスグラン南青山高樹町」の**三菱地所レジデンス**、そして、「パークスクエア三ツ沢公園」の**住友不動産は狙い目かもしれません。**

ただし、やはり自社内に品質管理部門があることが最低条件になります。自社の社員が検査専門担当者であればなおよいですね。しかし、品質重視にシフトするといっても「のども過ぎれば熱さを忘れる」ことは覚えておいてください。あわてて部署を作ったり検査担当者を新規採用している可能性もあります。気軽にデベロッパーに問い合わせてみましょう。

いずれにせよ、何かがあったとき、**「大手のほうがまだまし」程度で考えたほうが得策です。**

ちなみに先述した鉄筋工が愚痴をこぼしたデベロッパーは顧客満足度が高いといわれる野村不動産です。私の経験上からも野村不動産の担当者は絶対の自信を持っている印象があります。決して野村不動産の肩を持つわけではありませんが、私も検査業務に取り組む前は「マンション買うなら野村かな」と思っていました。難点は、検査担当者によっていうことが違うと職方が口を揃えていっていることでしょうか。

過失をなかなか認めず、認めたら手厚い大手

次に、デベロッパーという事業者の特性を知っていただくためにも、欠陥や偽装など

の問題が発覚したときの対応を検証してみたいと思います。

取り上げるのは、杭打ちデータ改ざんによりマンションが傾斜した三井不動産の「パークシティLaLa横浜」と、同じような傾斜問題が発覚した住友不動産の「パークスクエア三ツ沢公園」です。前者はいきなり全面建て替えが提案されましたが、後者は一部建て替え、一部補修の提示でした。それぞれの対応を比較してみます。

三井不動産の「パークシティLaLa横浜」

・傾いた棟だけでなく全4棟を建て替える方針を「基本的枠組み」とする
・建て替える場合も建て替えない場合も、転居希望者からは、不動産鑑定士による新築想定価格で買い取る
・建て替え中の仮住まいの家賃や引っ越し費用及び家具保管料等を負担する
・現在行っている地盤調査など安全性確認中の宿泊ホテル代等を負担する
・精神的な苦痛や今後発生するさまざまな負担に対する慰謝料を支払う

住友不動産の「パークスクエア三ツ沢公園」
・傾いた棟のうち1棟だけを建て替える
（建築的には全5棟、コの字型連結の3棟とL字型連結の2棟のうち1棟のみ）
・1棟は杭の補修工事で対応する
・転居希望者からは買い取る（契約解除対応という情報もあり）
・補修工事中の仮住まいの提供と費用を負担するが、費用負担については各棟によって違いがある

いかがでしょうか。ずいぶんと差があるように感じますね。おそらく三井不動産は住友不動産に対する批判の高まりを見て自社の対応を決めたのでしょう。しかし、どちらも居住者から調査依頼があったにもかかわらず、長い期間、誠意ある対応を取っていなかったことを忘れてはいけません。

ただし、「パークスクエア三ツ沢公園」の対応については、この通りに進まない可能性が高まりました。本書を著述中に「住友不動産が販売し、1棟が傾斜した横浜のマン

ションで基礎部の強度を保つ鉄筋の一部（23箇所）が切断されていることが判明した」との報道がありました。状況から「パークスクエア三ツ沢公園」だと思われるのですが、「1棟のみを建て替える」としてきた当初の対応を白紙に戻し、全棟建て替えを最善策として検討しているとのこと。傾斜が確認できた際に、しっかりとほかの部位も調査していれば容易に判明することですが、それを怠ったとしか考えられません。

彼らの本質は「千三つ」（千のうち本当のことは3つしか言わない意）と揶揄される不動産業者です。

デベロッパーは「売る」のが仕事。売ってしまえば、あとはゼネコンに対処させるという体質なのです。しかも大手デベロッパーの場合は、すでにブランドが確立されていますので、いくら口コミサイトで叩かれようが何とも思っていません。のらりくらりと対応を先延ばしにしたり、なかなか不備を認めない体質です。「千三つ」だと心得ておいてください。

同一グループが手掛ける物件は比較的安心

2社の当初比較で気になるのは、かかわっている会社との関係性です。

「パークシティLaLa横浜」は事業主が三井不動産と明豊エンタープライズ、設計・施工は三井住友建設（2003年4月、三井建設が住友建設と合併し、三井住友建設株式会社に社名変更）、販売は三井不動産レジデンシャル（2006年に三井不動産の分譲住宅事業部門が分社化）という「三井ブランド」で固まっています。

「三井ブランド」全体のイメージ低下を危惧し、対応を決定したのかもしれません。消費者の立場から考えると、**事業主、施工会社、販売担当事業者がすべて同一グループの場合は、何かあった場合の対応が手厚くなる可能性が高い、といえます。**「問題が発覚したあとは」という前提つきではありますが、デベロッパーの選択基準のひとつに考えていただいてもいいかと思います。

その証拠に、「パークシティLaLa横浜」は手厚い補償が提示されています。一時転居費用や仮住まいの家賃などに加え、全戸に対して一律の慰謝料、一説によると300万円を支払う計画だとか。このため、住民のなかには、「むしろトクをした」とおっしゃっている方もいると聞き及んでいます。

とはいえ、住宅ローンを利用してマンションを購入したときに、所得税の税額が控除される「住宅ローン控除」はどうでしょうか。これが認められるのは、実際に住んでいることが条件なので、一時転居後は適用外となります。

また、固定資産税も年々少しずつ下がっていますが、建て替え後は社会情勢や税制改正によっては増額になる可能性もあるのです。こういったマイナス部分もすべて勘案して「トク」とおっしゃっているのか疑問が残ります。

「完成売り」なら安心なのか

もうひとつ、販売手法からも「失敗しないデベロッパー選び」について探ってみたいと思います。第一章で、日本のマンション市場は建物が完成する前に販売する「青田売り」がほとんどで、これが欠陥マンションの一因であることを解説しました。

念のため再度説明しますと、青田売りは購入者への引渡期日が決まっています。「いついつまでに完成した建物を分譲しますよ」と告知しているので、工期が遅れることはまず許されません。そのため、工期に影響する不備や欠陥が見つかっても施工者は申告しにくく、偽装や瑕疵につながる危険性があるのです。

この**「青田売り」に対し、最近「完成売り」という新しい販売方法がごくわずかですが出てきています。**これは、建物が完成してから販売するもので、ごく一部の大手デベロッパーで試験的に採用されています。

そのうちの1社である三菱地所レジデンスは、完成売りを採用した経緯について「青田売りはマンションの質を高めることを考えたとき、妨げになる根本的な問題がある」とし、完成売りにすることによって、「竣工して購入者の手に至るまで、マンションの質を上げ続けることができる」と、その可能性について記しています（同社サイトより）。

ここでも指摘されていますが、消費者からみた完成売りのメリットは2つあります。

・すでに完成しているので専有部、共有部ともに現物を確認することができる
・場合によっては、値引きが期待できるかもしれない

ということです。完成物件は売主にとって「在庫」になるので、できるだけ早く売却してしまいたいもの。長く売れ残った場合、値引きが可能かもしれませんが、あくまでも「期待」程度と捉えてください。

さて、これらの条件をクリアして、信頼できるデベロッパーを選べたとしてもまだベストではありません。**マンションでいちばん重要な問題、安心安全を担う構造体は「目に見えない部分」だからです。**

「パークシティLaLa横浜」のように、地面の中にある「杭」は竣工後は見ることができません。「杭」だけではなく「基礎及び基礎梁」も同様ですし、建物が竣工すれば外壁タイルや内装ボードで隠れてしまう「コンクリート躯体」の施工状況も見ることはできません。「完全なブラックボックス」といえます。ベストな選択は、このブラックボックスを引き受け、マンションを施工している優良なゼネコンを選べて初めて成立するのです。

チラシから見抜くべきこと

なお、チラシやホームページのイメージ戦略に惑わされてはいけないとお伝えしましたが、チェックすべきポイントはあります。左記にまとめましたので、実際に購入を予定されている方は照らし合わせてみてください。

●**建ぺい率と容積率**……敷地の建ぺい率、容積率に対して、実際に計画されている建ぺい率と容積率数値が低い、平たくいえば「余り」があれば、将来建て替えが必要になったときに、居室数を増やすことで既居住者の建築費を軽減できる可能性があり、ひとつのメリットになると考えられます。

●**立地・環境**……チラシでもホームページでも必ず周辺環境がわかる地図が示されています。駅やスーパー・コンビニなどが近いといった「利便性」と、自然環境や嫌悪施設の有無などによる「快適性」をチェックしてください。

●**専有面積の広さ**……現在のライフタイルと将来の変化を見据えながら、どのくらいの広さがよいかを検討しましょう。３ＬＤＫであれば75平米以上が望ましいです。

●**着工日と竣工日**……建築スケジュール（工期）は、品質の善し悪しをチェックするひとつの目安になります。マンションは地下などの特殊な要件がない場合、造成工事終了後、階数プラス3カ月が標準工期とされています。「着工日」「竣工日」を確認し、工期が標準程度なら安心材料になります。工期が不自然に長かったり延期したりしているようであれば建築途中にトラブルがあって遅れた可能性も考えられます。逆に極端に短い場合は、急いで工事したことで欠陥が発生する可能性もあるので要注意です。

間取りについては、よほどの高級マンションでもない限り、どのデベロッパーでもそれほど大差はありません。いわゆるファミリータイプの3LDKを例にとると、ダイニングとリビングがバルコニーに面しており、居室1室がリビングに面し、共用廊下側に居室2室のパターンか、リビングとリビングに接する居室1室がバルコニーに接しており、共用廊下側に居室2室のいわゆる「田の字プラン」の2つが目立ちます。

これは私がマンションを購入した頃から変わっていません。この2つ以外では「ワイドスパン」と呼ばれるタイプ、たとえると一般的な長方形タイプではなく正方形に近い形で奥行きと間口の長さがあまり違わないタイプもあります。リビングがバルコニー中

「マンション（建物）環境性能表示」

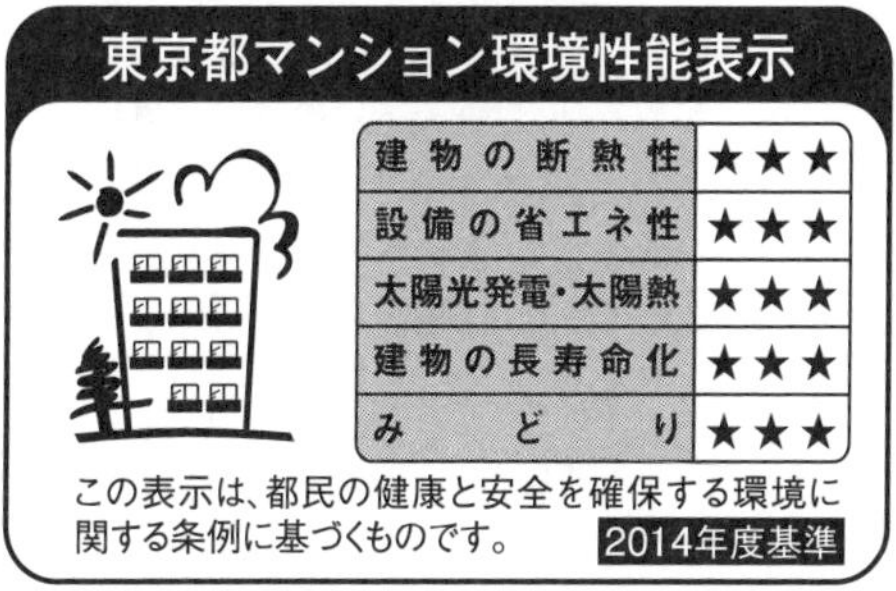

央に面しており、そのリビングの両横にバルコニーに面した居室があるのが特徴です。あとは、専有面積に対して収納が多いか少ないかの違いだけです。

どの間取りも似通っているのは、マンションの中心購買層が30代で、子どもあり世帯がほぼ過半数を占めているためと考えられます。

また、設備についても食器洗浄乾燥機設置や床暖房設置は当たり前、収納の充実やコンシェルジュサービスを謳うマンションも多く見受けられ、大きな違いはないように感じます。

最近では、各自治体が定めた基準による「マンション（建物）環境性能表示」を広告に表示している物件も目立つようになりました（ページ上参照）。

「マンション（建物）環境性能表示」とは、各自治体が定めた基準に基づいて、建築主が自己評価したものです。

たとえば東京都の場合は、マンション用途の延床面積が2000平米以上の分譲、または賃貸マンションに表示義務があり、マンションのおもな環境性能である「建物の断熱性」「設備の省エネ性」「太陽光発電・太陽熱」「建物の長寿命化」「みどり」の5項目の評価について、星印（★）の数3つで表示され、わかりやすい工夫がされています。ミシュランガイドのようですね。

また、地震などに対する強さ（構造の安定）を示す「耐震等級」（1〜3があり、3が最も高く、震度6強から7程度の地震の1・5倍の力に耐えうる強度を示します）を目立つように広告に記載してあるマンションも多く見受けられます。

デベロッパー編　まとめ

・デベロッパーの品質管理に大きな差異はないが、品質管理（検査）をゼネコン任せにせず自社社員も行っているのは安心材料

・何か問題が発生してもデベロッパーはなかなか責任を認めない

・責任を認めた場合は、大手のほうが比較的安心度は高い。しかも、事業全体の関係者が同一グループのほうがより高いかもしれない

ゼネコン編

安心できる会社、できない会社

マンションは完成してしまえば、その内部構造がまったく見えなくなる「ブラックボックス」だとお伝えしました。そのブラックボックスを担うゼネコンが、どのような現場管理を行っているかによってマンションの品質は大きく変わってきます。ここからは信頼できるゼネコン選びについて解説していきます。

ゼネコンは、事業主であるデベロッパーから建築工事一式を請け負い、元請け業者として、工事全体をとりまとめて管理する総合建設会社です。ゼネコン自らが工事を行うことはなく、実際の工事は、杭工事、鉄筋工事、型枠工事、コンクリート工事、配管工事など、それぞれの専門業者に工事を発注し（下請け）、それらすべての工事を管理しています。

瑕疵、つまり施工不備や欠陥のない高品質のマンションを建てるには、「管理」が重要だと繰り返し述べてきました。信頼できるゼネコン選びも同じです。何よりも注目したいのは、**着工前の地盤調査から竣工までの間、どんな検査体制を掲げ、それを実践しているかという点です。**

では、品質管理に厳しく、検査体制が充実しているゼネコンはどうやって見分ければよいのでしょうか。

まずはデベロッパー同様、スーパーゼネコン各社のウェブサイトで確認してみました。鹿島建設、清水建設、大成建設、竹中工務店では特に検査体制についての記述は見当たりませんでした。唯一大林組だけが、

・要求性能に対する確かな品質を確保。お客様が安心し、満足して使える建物を提供します。

としPDFデータで「設計品質・施工品質」を公開しています。それによると、

・工程内で定められた各種検査に加え、各種検討会や、工事各段階ごとに実施する品質パトロールなどにより、品質管理を行います。

と明記してありました。

デベロッパーは社内に品質管理部門があるところとないところがありますが、さすがにゼネコンは現場管理がおもな仕事ですから、品質管理部門は必ずあります。それゆえ、「品質管理・検査は当たり前」であり、わざわざアピールする必要はないと思っているのでしょう。新たな建築技術の開発をアピールする姿勢が目立ちます。

ちなみに分譲マンション専業ともいえる長谷工は「施工・施工管理」部門の社員のインタビュー記事がウェブサイトで写真とともに掲載されています。

・購入者様に引き渡す段階では内装仕上げ工事が完了しているため、隠れて見えなくなってしまう建物内部の管理を重点的に行っている

・コンクリートを流し込むと見えなくなる鉄筋部分や、内装ボードの内側に隠れる電気設備の配線・配管部分などは、特に念入りに管理している

との記述がありました。

しかしながら、ウェブサイトから得られる情報には限りがあります。各社の品質管理・検査体制について詳しく知るには、それぞれの会社に問い合わせてみるしかなさそうです。

デベロッパー同様に各社のサイトからメールにて問い合わせたところ、約1カ月の間に回答があったのは、大成建設と鹿島建設の2社でした。

大成建設は、「弊社が施工するマンションは、ほとんどが大手デベロッパー会社から受注する大型再開発案件におけるマンション」であるとの前提で、「発注者であるデベロッパー独自の品質管理プログラムに従い、施工工事監理計画を作成し施工を行う。それとは別に、現場と独立した工事監理部門があり、発注者と協議して工事監理計画書を作成。それにもとづいて工事監理を行っている」との回答でした。

「独立した工事監理部門」とは実際に施工を行う現場とは予算的に分離された部門だと思われますので、「社内の第三者機関」ともいえると思います。そうだとすれば現場の意向に左右されることは少なそうですので、さすがスーパーゼネコンといえるでしょう。

鹿島建設は、現場検査はおもに支店の管理部門が担当しており、「配筋検査を例に検査実施頻度を教えてください」というこちらの質問に対し、「支店管理部門が施工プロセスごとの要所要所で抜取検査を行っている」とのこと。そのほかの建築中の品質管理体制については、「着工前に施工準備委員会などの会議体で施工計画の確認や施工プロセスごとの重点管理ポイントを明確に」し、実際に工事が始まってからは「検査を適宜行うなかで各プロセスをチェックしている」とのことでした。

文面だけで判断すると、現場を管理する各支店の管理部門が担当しているということはデベロッパー編の大京同様、管理部門は予算や工程管理等も行うと思われますので、2社だけを比較すると大成建設が優位な印象を受けます。

検査とは一体何をするのか

現場管理を主たる業務とするゼネコンですが、「検査（施工者検査）」は「現場管理」のなかの一業務です。これを「自主検査」といいます。基礎工事から竣工に至るまでの自主検査は、各工事の着手前や終了後にその都度実施する必要があります。

たとえば杭工事（現場打ち杭）の場合であれば、杭を打ち込む前に位置を確認。問題がなければ掘った穴の底の支持層を地上に上げ確認、その後杭を打ち込むよう杭施工業者に指示を出し、終われば所定の位置に杭が納まっているか確認。杭工事ひとつとっても何回も行う必要があります。

杭工事の次に行われる基礎配筋工事も同様で、配筋が終われば配筋状況を検査するだけではなく、コンクリートを打設する前に、型枠、設備スリーブ、電気配管など並行して行われている工種（工事）をすべて検査し、コンクリート打設を行うといった具合で、これが最上階まで続きます。もちろんコンクリートの躯体ができあがっても、次に始まる防水工事や断熱工事、そして内装工事に至るまでそのすべてが検査の対象となります。

この検査を行うのは現場の担当者（社員）ですが、大手ゼネコンといえど自社の担当者が各工事に精通しているとは限りません。これが「不備」や「欠陥」の温床にもなるのです。

稀に現場担当者の検査後に、検査専門部署の方が自ら検査を行うこともありますが、すべての工種において検査を行うことはほぼ皆無で、立ち会う程度のゼネコンも極めて稀です。なかには杭の1本目と2階床のコンクリート打設前に行う配筋検査だけしか立ち会わないゼネコンもありました。さらにはその現場だけのために委託された派遣会社の社員が検査を行うこともあります。この場合、委託しているのだから任せればいいというスタンスで、検査実施後に書類で報告を受けるだけであることも非常に多いです。

これも「不備」や「欠陥」につながる原因です。

涙ぐましい努力をしてきた某ゼネコン

ただし、例外があります。私が知る限り1社だけであり、社名は明かせないのですが、高品質な建物を建てるために徹底した品質管理を行っているゼネコンがあります。仮にこのゼネコンをA社とします。残念ながら分譲マンションはほとんど手がけていない会社なのですが、検査というものの難しさと品質管理のあるべき姿として、紹介します。

A社とはかれこれ8年ほどのおつきあいになりますが、当初は検査部門がないに等しく、弊社が検査（配筋検査）を始めた頃は、あまりにも施工不備が多く、現場担当者や職方との軋轢《あつれき》があった現場もありました。施工のバイブルである学会配筋指針を手に「なぜダメなのか」を話して諭しても、過去の経験を重視し、なかなか理解してくれないこともありました。

しかも、弊社が指摘した項目は現場で手直し（施工不備を直すこと）を行い、その画像を弊社に送付し確認を得ないといけない、という会社方針により、現場担当者は夜遅くなっても画像を送付、私たちも深夜までその画像を確認するなど大変な思いをしました。

ときには現場担当者が感情的になったこともあります。現場の立場で考えれば、画像を送り許可を得るため帰宅が遅くなるのですから感情的になるのもわかります。しかし、建物の品質にかかわる問題ですから手を緩めることはできません。私も精神的にきつかったことを思い出します。

状況が変わったのは、経営トップの「スーパーゼネコンに負けない品質」「品質日本一を目指す」との強い思いが現場に浸透し始めたおかげでしょう。感情的なしこりも徐々に少なくなり、最前線にいた現場所長や担当者、そして職方（鉄筋工）の品質についての意識が変わっていく過程をともに過ごしてきました。

その後、A社内部に「検査」の部署ができ、構造設計部門の担当者とも協力しながら施工詳細の納まりを規定していくことになります。

「自主検査」だけでは検査にならない

検査部門ができてからは、検査部門の方が行くか、弊社検査員が行くか、必ずどちらかが毎回配筋検査を実施してきました。弊社が検査を行う場合は検査部門の方は別の現場で検査を実施されている状況が続いていましたが、あるときミスが発覚しました。原因は「自主検査」です。

検査を続けてきたことにより、現場所長や担当者の鉄筋工の知識、品質に対する意識も向上し、欠陥もかなり減ってきたことから、3階以降の基準階（同じ平面プランが続き全体的に納まりは変わらないことが多いことからこう呼ぶ）かつ指摘が少ない現場については、現場の責任者つまり現場所長の監督のもとに行う「自主検査」に任せる体制をとるようになりました。

つまり、検査部門の担当者が検査を行わない場合があることを示します。しかし、その自主検査をした基準階で、かなり重大な品質事故が発生したのです。

自主検査でミスが起きた原因は、基準階だから大丈夫だろうと現場所長が若い現場担当者に任せてしまったことが原因です。

それを教訓に、A社は検査部門か弊社の検査員か、どちらかが全現場で必ず検査を実施する体制に戻しました。

これだけ万全な体制をとっているのであれば以降は問題はない。そう言いたいのは山山なのですが、それでも再度ミスが発覚しました。「見落とし」が原因でした。

本来、必ず全箇所を確認しなければならない接合部の納まりを、一部において確認しなかったのです。具体的には、接合部の鉄筋の長さが規定数値以下だったことが判明しました。検査部門担当者の「油断」であり「慣れ」ですね。やはり「慣れ」は何事においても要注意です。

A社トップはコンクリートを打設済みの下の階も、ミスがあった同じ部位を破壊してでも確認し不備があれば補修するよう命じました。やはり下の階でも不備が確認されたので適切な補修を実施しました。

この事故をさらなる教訓として、現在は検査時に使用するチェックシートを整備して検査を行っていますが、さらに双方ですり合わせを行い、新たに改定する方向で進んでいます。その結果、人間ですからミスを「ゼロ」にすることは不可能かもしれませんが、限りなく「ゼロ」に近づいていると実感しています。

それでも残念に思うことがあります。

A社の現場事務所に「学会配筋指針」を常備していない現場がまだ存在すること。せっかくスーパーゼネコンに負けない品質を目指すという大きな目標を掲げているのに、社内の検査部門や弊社に負けないくらい学ぼうという姿勢が全現場において感じられるようになってほしいと思います。

検査に予算をきちんと割くことの大切さ

A社の取り組みは、日本の建物品質管理の現状に一石を投じるものであり、あらゆる努力を傾注している稀有な企業であるといえます。

工事途中の、たとえば配筋検査の実施状況や、その内容を書面や画像等のデータでここまで残しているゼネコンを私はほかに知りません。

つまり「欠陥」を発生させないためには、ここまでの検査体制が必要だということです。それは**「品質確保」には大きなコストがかかるということ**であり、そういう認識に立って「設計費」や「施工費」などと同様に「品質管理費」に費用をつぎ込んでいるということです。

それだけの覚悟を持って品質管理にコストをかけるゼネコンが増えることを願っています。建物の品質管理がこれだけ注目されているいま、今後はA社のような企業が増えてくるかもしれません。現に、ミスが起きてしまいましたが、三菱地所レジデンスの「チェックアイズ・レポート」はそうした取り組みのひとつでした。同社はきっと事故を重く受け止め、システム正常化に向けて改善中のはず、いや、そう信じたい……。

購入を検討する物件が出てきたら、そのゼネコンの品質管理体制をしっかり調べてみてください。ホームページでわからなければ、直接会社に問い合わせるとよいでしょう。その方法については次章で詳しく説明します。

ゼネコン編　まとめ

・分譲マンションを含むすべての建築物の構造躯体は「完全なブラックボックス」である
・ゼネコンの品質管理体制は「システム」としては構築されているが、「完全なるブラックボックス」の解消化には至っていない
・品質管理（検査）状況を開示するゼネコンは良心的といえ、一定の評価はできる
・自社以外の第三者検査を導入しているゼネコンも一定の評価はできる
・何か問題が発生した場合、資力があるゼネコンのほうが安心感はある

第四章　欠陥マンションから身を守る技術

欠陥は〝あること前提〟で考える

この章では、すでに新築や中古でのマンション購入を予定している方に向けて、**契約締結から建設中の工事チェック、引き渡しまでのステップで、これだけ確実に注意しておけば安心というチェック事項**を具体的にシミュレーションしながら解説していきたいと思います。

ところで、リクルート住まいカンパニー「2014年首都圏新築マンション契約者動向調査」によると、一般の方が物件選びで重視する上位3項目は、「価格」「最寄り駅からの時間」「住戸の広さ」で、品質を示す「耐久性・構造」を重要と考える方はごく少数派（12位）です。

ただ、昨今の事件をきっかけに、品質に目を向ける方も増えてきたようです。後悔しないためにも、物件選びの最重要条件として「品質」を考えていただきたいと思います。

そして大事なのは、もしかしたら欠陥があるかもしれない、という前提で考えること

です。欠陥マンションを絶対に買わないための対策なのに、矛盾しているじゃないかと思われるかもしれません。しかし、物事に「絶対」はないと述べたように、どんなに気をつけても絶対に欠陥マンションを購入しないとはいえません。「パークシティLaLa横浜」や「パークスクエア三ツ沢公園」など、偽装や欠陥が発覚したマンションに住む人たちだって、まさか検討に検討を重ねて購入を決めたマンションに欠陥・不備があるとはよもや思わなかったでしょう。

トラブルに巻き込まれてしまってから対策を考えるのでは遅すぎます。専門知識もない、頼れる専門家もすぐには見つからない、となると場当たり的に対処するしかできなくなってしまう恐れがあります。

37ページで紹介した欠陥マンションの事例は、幸いにも修繕を事業者負担（ゼネコン負担）で決着し、住民のみなさんは平穏に生活されていますが、表に出てこないだけで、係争が続いている事例はほかにもあります。修繕か建て替えか、あるいは売主が買い取るのか等を争い続けたり、長引くケースでは住民が「欠陥ではないか」と指摘してから、解決するまでに10年、20年とかかる場合もあります。そんな不幸に巻き込まれたくはありませんが、「うちのマンション、もしかして欠陥があるかも……」と思ったときにとるべき対策について知っておくことはとても大事です。

知っておきたい契約書のチェック事項

その1 まず確認すべきは、瑕疵担保責任

住宅における欠陥とは、品確法により「目的物が契約に定められた内容や社会通念上必要とされる性能を欠いていること」と規定されています。

つまり、欠陥ではないという判断は、次の2点によって行うことになります。

・契約の内容に反していないかどうか
・社会通念上、必要とされる性能を持っているかどうか

ここではこの2点について、みなさんが知っておくと役立つ考え方について述べたいと思います。

まず、契約の内容についてです。

分譲マンションの場合、「売買契約書」を交わすことになりますが、何かトラブルが起きたときに真っ先に確認すべきは、この契約書です。

売買契約書は10ページほどにもわたって取り決め事項が示されていますが、特に注意していただきたいのは、**瑕疵担保責任が明記されているかどうか**です。各社、条文の順番は違いますが、「第○条　瑕疵担保責任」との見出しがあるはずです。法律で明確に規定されているので記載がないことは考えられませんが、念には念を入れてください。期間を確認することも重要なので、忘れずに。

瑕疵担保責任とは、建物の瑕疵から消費者を守るもので、事業主（デベロッパー）が責任を負います。そして、左記の3点を満たしていることが条件になります。

・新築住宅、新築マンションであること
・建物の基本構造部分の瑕疵であること
・買主が売主に責任追及できる期間は、基本構造部分の引き渡し後10年間基本構造部分とは、基礎、土台、床、柱壁、斜め材、小屋組、横架材、屋根及び雨水の浸入を防止する部分を指します。これらの部分について欠陥があった場合、買主は売主に対して、次のいずれかを請求することができます。

・欠陥を補修して完全なものにする
・金銭による賠償によって補う
・契約の解除（売買契約で補修不可能な場合のみ）

「パークシティＬａＬａ横浜」のケースでは、まだ確定ではありませんが全棟建て替え（その間の仮住まい家賃や引っ越し費用含む）による瑕疵担保責任を果たすことになりそうですから、「欠陥を補修して完全なものにする」と「金銭による賠償」にあたります。

デベロッパーの資力不足で自己負担を強いられるケースも

一方、法律が整備されているとはいえ、残念ながら100%安心とはいえない現実があります。瑕疵担保責任を履行できるかどうかは事業主（デベロッパー）の資力にかかっているからです。「パークシティLaLa横浜」のように全棟建て替えとなると、マンションの解体費用や新しく建設する建物の建設費、住民の方々の引っ越し及び仮住まい費用（引っ越しは2回分）、そして損害賠償費用として、ざっと300億円はかかると試算されています。それだけの金額を支払えないデベロッパーはたくさん存在します。

実際、姉歯事件では売主であるデベロッパーの資力が欠けることから瑕疵担保責任を履行できていません。そのため、不幸な買主のみなさんはマンションを補修したり建て替えするための莫大な自己負担を強いられているのです。

このように、欠陥が発覚したマンションの事業主が、瑕疵担保責任を履行できないまま倒産するといったことが起きないよう、住宅の瑕疵担保責任を果たす資金の確保を義務づけたのが、2007年に制定された「住宅瑕疵担保履行法」です。

この法律により、デベロッパーなどの売主は欠陥が見つかった場合の対処を「資力」として担保できるよう「保険に加入する」か「あらかじめ供託金を積んでおく」のいずれかを選択することが定められました。事業主が倒産した場合や、支払能力不足を理由に補修を拒否した場合には、買主は供託金の還付や保険金の支払いを受けることができるようになったのです。

しかし、これも注意が必要です。ひとつには、「重過失または故意」の場合は保険適用対象外だということです。これは簡単にいえば、注意していさえすれば、たやすく有害な結果を予想することができたのだから、大事な保険金は払えませんよ、ということ。「重過失」なのかどうなのかは保険会社が判断しますから、場合によっては保険金が下りないこともあるのです。

もうひとつの「供託」についても、「パークシティLaLa横浜」のケースのように全4棟建て替えなど大がかりになると、たとえ供託金を積み立てていても補修費あるいは建設費が不足してしまう事態が考えられます。

なお、**中古マンションの場合は事情が異なります**。中古マンションは「住宅瑕疵担保履行法」の対象外であり、そのかわり**民法の規定が適用されます**。**民法では瑕疵があることを知ってから1年以内が瑕疵担保責任期間となります**。売主が個人の場合、1年より短い期間を設定していたり免除していたりする例もあるので必ず確認してください。売主が買取再販業者などの「法人」である場合は2年となります。

このように、欠陥問題に巻き込まれたとしても、瑕疵担保責任を武器に売主に対して補修請求や賠償請求などはできるのです。このことをまず頭に入れておいてください。

また、消費者にとって朗報なのが、**最近の建築裁判の判例では瑕疵担保責任の10年の時効ではなく、不法行為の20年の時効を適用する事例が多くあること**です。

不法行為とは、民法に規定された「故意又は過失によって他人の権利又は法律上保護される利益を侵害した者は、これによって生じた損害を賠償する責任を負う」との条文ですが、建築瑕疵を例に説明すると「故意や過失によって建築基準法に規定される生命の保護が脅かされている状態は、瑕疵ではなく不法行為に該当する」ということです。このことも知識として知っておいてください。

欠陥かどうかを判断するもうひとつの視点、「社会通念上、必要とされる性能を持っているかどうか」について考えてみます。住宅の場合は建築基準法第1条の「国民の生命、健康及び財産の保護を図り」との規定から判断します。生命に危険を及ぼす建物倒壊が明らかに予想される場合は「生命の保護」についての「瑕疵」、健康被害に直結する断熱の不備は「健康の保護」についての「瑕疵」といった具合でしょうか。

平たくいえば**「雨漏りしないことは社会通念上、当然である」**ので**「雨漏りは瑕疵である」**という感じでご理解ください。

その2 天災への備えも重要

次にチェックしていただきたいのは「危険負担」の項目です。

「危険負担」とは、地震などの天災により建物を引き渡すことができなくなった場合を想定した項目です。契約書の文言があいまいな場合、民法が規定する「危険負担の債権者主義」が適用されます。詳細は省きますが、債権者である購入者は天災等で建物が滅失し、引き渡しを受けていないのに代金を支払わなければならないこともあり得るのです。**建物が滅失した場合、「契約解除とし手付金は全額返却する。ただし利息はつけない」と記載があれば安心**です。同様の一文がない場合は、つけ加えてもらうか、無理な場合はその物件は避けたほうがいいでしょう。

契約書は専門用語が並び、建築の専門知識がなければすべてを理解するのは難しいかもしれません。その補完として役に立つのが、パンフレットとモデルルームです。パンフレットは専門知識を持たない一般の消費者でも理解できるようにとの配慮から平易に書かれており、契約書を補完する役割を担います。モデルルームも契約書の補完的存在です。契約書記載内容ももちろん大切ですが、パンフレットは大事に保管しておき、モデルルームは画像に収めておいてください。

欠陥問題に巻き込まれないための、さらなる防衛策

もうひとつ重要なのは、何かあった場合に泣き寝入りなどということにならないための対策です。それは、**契約を結ぶ前のステップ、「重要事項説明」をクリアすることに**あります。

これは、その名の通り不動産取引にかかわる重要な事柄を売主が買主に説明することですが、契約の当日にただ読み上げるだけで終わってしまうケースがほとんど。しかし、

重要事項説明書には、宅地・建物の権利の種類や内容をはじめ、法的な制限事項、契約解除や違約金、支払金の保全など、重要な事柄が明記されています。売買契約書同様、専門用語がたくさん並び、一般の消費者が一読しただけで内容をしっかり理解するのは難しいもの。とはいえ、何かあった後で「知らなかった」「聞いてない」と訴えても、「重要事項説明書にあります」と返されたら何もいえません。契約日の数日前に必ず手に入れ、熟読しておいてください。わからない言葉もたくさん出てくると思いますが、それを調べる手間を怠ってはいけません。

その際、特に重点的に確認いただきたいのは**「承諾事項」「契約解除」の2項目**です。それぞれチェックポイントを示します。

・承諾事項

周辺環境に関することや、近隣住民との間で取り決めたことが書かれています。たとえば「マンション入居者は自治会に必ず加入すること」との一文が記載されていたりします。最近、芸能人の方で自治会に入っていない云々のゴシップ記事が出ていましたが、こういった取り決めがあると住宅ローンや管理費・修繕積立金、そして固定資産税以外に毎月（毎年）支払うお金が必要になります。たいした金額ではないかもしれませんが、自治会に入るということは、近隣の諸行事に協力することを約束したことにもなります。「そんなこと聞いていなかった」は通用しません。

・契約解除

契約解除の理由によっては、違約金が課せられる場合があります。押さえておきたいのは、契約の履行に「着手する前」と「着手した後」で違約金が異なることが多いということ。くわしくは姉歯事件発覚のすぐ後に出版した拙著『あなたのマンション選びを絶対失敗させない本』（大和出版）に書きましたが、要点を簡単にまとめておきます。

「着手する前」の違約金は、「買主・手付金放棄、売主（デベロッパー）は手付金の倍額」であることが一般的です。万が一、契約解除をしなければならない事態が、震災等予測できないこと以外、つまり自己都合で発生した場合も念のため想定しておくことが必要です。

もちろん、反対に売主が契約違反をした場合は、こちらが契約を解除したうえで、違約金を請求できます。極端な例ですが、パンフレットに記載されているサッシの断熱や遮音性能の仕様が、実際は低い性能のものに勝手に変更されていた場合が該当します。

検査回数は多いほど安心

さらに契約時に、デベロッパーとしての「品質管理体制」と、その「情報開示」について必ず確認してください。

第三章のデベロッパー編で述べた通り、デベロッパー自身に品質管理専門部署があるかどうかをまず確認ください。担当者に聞けば教えてくれるはずです。その際、どんな頻度で検査を行っているかも確認しておきましょう。**頻度が多ければ多いほど、極端にいえば全工程で検査を行っていれば◎です。**

「情報開示」については、三菱地所レジデンスの「チェックアイズ・レポート」のように、書面を購入者に定期的に交付していればまず評価できます。さらに現場写真も開示対象であればこれも◎です。

こうした情報については、**率直にデベロッパーに問い合わせることが唯一の方法だと思います。**問い合わせはメールで行いメールで返信してもらってください。情報開示の第一歩です。返信されたメールは証拠にもなります。

ただし、工事の過程ごとの写真を都度求めるのはただでさえ多忙な業務の手間を増やすことになるので、報告書としてまとまった段階でお願いすることにしましょう。

竣工引き渡し後、何か問題が発覚した場合、証拠となる現場での検査記録や写真はデベロッパーやゼネコンが保管しており、開示請求をしてもそう簡単には公開されないのが業界の常識でした。しかし、三菱地所レジデンスはデベロッパー自らその常識を打ち破りました。「チェックアイズ・レポート」で開示される施工状況や検査内容は、専門知識を持っている第三者が見ればすぐに問題が発覚する可能性もある「証拠」そのものです。不都合な画像は撮影していない可能性もありますが、問題が起きたときに「言い逃れできない状況に自らを置いている」、その姿勢は評価できます。

インスペクション会社利用時の注意点

物件購入前にそのマンションの図面を第三者に確認してもらうことを検討している方もいらっしゃるかもしれません。そういったサービスを行う「インスペクション（住宅診断・住宅検査）会社」も最近では増えてきているようです。

インスペクション会社もいろいろあります。一級建築士が図面をチェックすると謳っていても、その担当者が鉄筋コンクリート造に精通しているかどうかわかりませんし、業務として鉄筋コンクリート造の現場管理や工事監理をどれだけ行ってきたかも不明です。こうした「専門家」と呼ばれる人たちの意見を鵜呑みにするのは危険です。

インスペクションサービスを検討する際には、必ず担当者の経歴を確認しましょう。

分譲マンションの場合は、工事監理の実績が豊富な設計事務所の勤務経験者、ゼネコン勤務経験者の場合は、同様に現場管理の実績が豊富にある方であれば最低限の基準はクリアされていると思います。どんな建物を何件ぐらい管理・検査してきたか聞いてみてください。意地悪な質問かもしれませんが、「学会配筋指針の最新版は何年版ですか？」と聞いてみるのも一手です。我々、建築業界に身を置く人間であれば絶対に熟知していなければならない施工マニュアルですので、即答できれば学習している証拠なので安心材料といえます。答えに逡巡するようでしたら、別のインスペクション会社に依頼することも検討しましょう。

ちなみに『建築工事標準仕様書・同解説　JASS5　鉄筋コンクリート工事』（2015年）、学会配筋指針と表現してきた『鉄筋コンクリート造配筋指針・同解説』（2010年）、『壁式構造配筋指針・同解説』（2013年）は、必携の書です。それぞれ最新版を示しましたが、配筋指針のもとになるJASS5の改訂が昨年ありましたので、学会配筋指針も早々に改訂されると思います。

ゼネコンの経営体力も確認せよ

何度かお伝えしましたが、建物に欠陥があった場合に補修費を負担するのは、実質的には施工を担当したゼネコンです。したがって、ゼネコンの経営体力を突っ込んで調べることは絶対不可欠です。

スーパーゼネコンと呼ばれる「鹿島建設」「竹中工務店」「清水建設」「大成建設」「大

林組」はいずれも1兆円を超える売上高があり、300億円以上の純利益を確保しています（鹿島建設のみ純利益が約150億円でしたが、2016年3月期には400億円になる見通しです）。

こういった業界トップ企業は、数百億円の損害を引き起こす事態が起きても倒産するリスクは低いです。さらにいえば、**電鉄系や鉄鋼系など同一グループに上場企業があるゼネコンも、何かあった場合の「経営体力」としては合格でしょう。**とはいえ、大手だからと安心は禁物。実際に検討段階に入ったら、候補であるゼネコンは必ず自分で調べてください。

上場しているゼネコンのウェブサイトにはIR情報が掲載されていますが、ここに**特別損失が計上されている場合は注意が必要**です。計上理由に「既存建築物の修補」の一文があれば何かがあった証拠です。それだけでなく、特別損失を計上しているということは、何らかの問題が発生しているということ。面倒でも計上理由は調べてください。それを怠ると「欠陥マンションを買う人」になってしまうかもしれないのです。

デベロッパー&ゼネコンに直接メールを

そのゼネコンがどのような検査体制をとっているのか、まずは売主であるデベロッパーに問い合わせてください。やり取りの窓口となる販売担当会社からはトンチンカンな返答や「大丈夫です！ 大手だから安心です！」といったお決まりの答えもあるかもしれませんが、それで引いてはいけません。次は直接ゼネコンに問い合わせてみてください。

どのゼネコンにもウェブサイトからの問い合わせを受け付ける「問い合わせフォーム」がありますので、臆することなく実行です。ただし、礼節はわきまえましょう。

・必ず本名を記載する
・文面は、「貴社施工の分譲マンションの購入を検討している」「最初から疑うわけではないが、昨今の諸問題を鑑みると不安もある」「ウェブサイト等を見て（読んで）ゼネコンとしてどのような品質管理体制をとっているのかよくわからなかったのでご教示願いたい」などとする返答に時間がかかるかもしれませんが、自社ウェブサイトでも紹介している、品質管理に対する取り組みを知らせてくれたり、なかには文章で返答してくれるゼネコンもあるでしょう。返答があったら必ずお礼メールを返信し、たたみかけるように再度質問してください。

・品質管理体制を後日確認できるような書面や画像などデータを残しているか
・残している場合、竣工後に開示は可能か

おそらく、どのゼネコンからも「ＩＳＯ９００１品質マネジメントシステムに則り」といった文言が返ってくると思われます。スーパーゼネコンの場合は追加して「弊社独自のチェック体制を」といった内容もあるでしょう。なお「ＩＳＯ」とは国際的に統一された「管理」や「しくみ」についての規格を定めており、数字はその規格内容を示します。

しかし、開示についてはほぼ１００％「できない」という回答になると思います。その理由は、ゼネコンから見ると発注者はデベロッパーであって購入者ではないからです。契約上「守秘義務」がありますから、当然といえば当然かもしれません。

ただし、**「開示はできないがデータには記録し保管している」と回答するゼネコンは、合格点と考えてもよいかもしれません。**保管している会社がわかれば、もしも裁判になった場合、裁判所を通じて開示請求することも可能だからです。

管理組合を面倒くさがらない

そして、建物が無事竣工し、内覧会・引き渡しを経て、入居された後に待っているのは管理組合の設立総会です。が、その前にひと言付記しておきたいことがあります。

「内覧会で欠陥は見抜けない」ということです。

内覧会の段階ではいちばん肝心な構造躯体は目視することができません。見えるのは非構造部である「内装」だけです。私の場合は、そこから少しだけ踏み込んでパイプシャフトやユニットバスから見える範囲の構造躯体を見たり、外壁の断熱材施工状況を確認したりしていましたが、それでも建物全体の一部分である「専有部分」だけです。内覧会はあくまで内装のチェック程度と心得ておいてください。

さて、管理組合の設立総会が開催されてまず行うことは、理事及び理事長を選出することです。**この理事、または理事長に立候補するぐらいの覚悟を持ってください**。なぜならマンションは集合住宅。共用部分も含めた建物全体についての維持管理を考えるのであれば、自分がその役割を担う意識も必要です。

理事または理事長は、まず竣工書類関係のチェックを行います。そのなかに工事途中の検査書類や画像がない場合は必ず請求し、引き渡しを受けてください。

そして、理事や入居者の協力を仰いで、各住戸のパイプシャフト（上下水道やガス管などの配管スペース・画像①）やユニットバス上部など、構造躯体を目視できるところすべてを目視し、「墨穴《すみあな》・画像②」と呼ばれる工事中に床に開けた穴がないか、不自然な孔（コア抜き・画像③）や補修痕はないかを確認してください。墨穴は工事中に行う「墨だし」と呼ばれる作業に必要な穴ですが、竣工後はコンクリートで埋める必要があります。この墨穴を埋めるのを忘れていた建物があり（画像②）、火災が発生した住戸から上階に延焼したという事故も発生しています。

さらに、できれば「耐震スリット」（画像④-②）の有無を調べてください。この「耐震スリット」は必ず図面に記載があります（画像④-①）。どれが耐震スリットを表す記号で、どのように見たらよいか、管理会社やゼネコンに教えてもらいましょう。

万が一、コア抜きがあったり、耐震スリットが確認できない場合は、管理組合から費用を出してでも、第三者である設計事務所や弊社のような検査会社に、最低限この2つを確認してもらうことが重要です。

自分で欠陥を見つける方法

ここでは、一般の方向けに「危険な不具合」と「経年による劣化」の見分け方、不幸にも欠陥マンションだとわかったときの対処法を解説します。

前述したコア抜き等以外で危険な不具合は大きく3つ。

- 床面のずれ
- クラックからの錆び汁（画像⑤）
- 爆裂《ばくれつ》（画像⑥）

◎買ったマンションに不備はないか、ここだけチェック

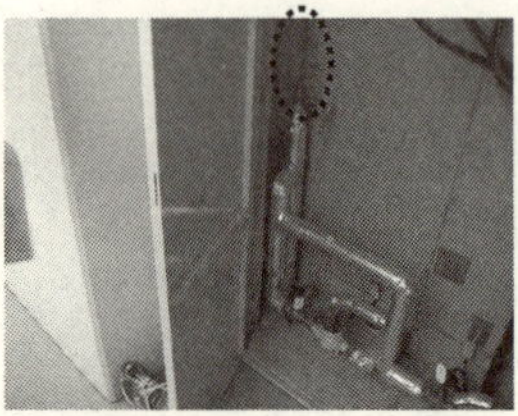

①

②

①玄関横のメーターボックス（パイプシャフト）

コンクリート軀体が直接目視できる場合が多くあります。目視して0.6mm以上の大きなクラックがないか、床や壁にコア抜き（③参照）がないか確認を。また、耐震スリットが設けられている（囲み部分）場合もありますので併せて確認してください。ただし、電気メーター付近ではくれぐれも感電に気をつけてください。

②天井点検口

ユニットバスの天井点検口から天井内をチェックしてみてください（怪我防止のためにヘルメット着用を）。上階の床コンクリートを床スラブといいます。◌で囲った穴が床スラブに開いた「墨穴」で、建築途中では作業上必要な開口部ですが、完成時には必ずコンクリートで塞がなければなりません。塞ぐのを忘れているということは管理不足の証拠。ほかにも施工瑕疵が存在する可能性があります。発見した場合は専門家に調査を依頼することも考えましょう。

③

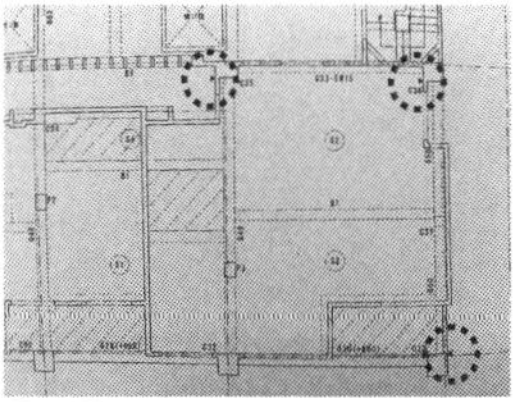

④−①

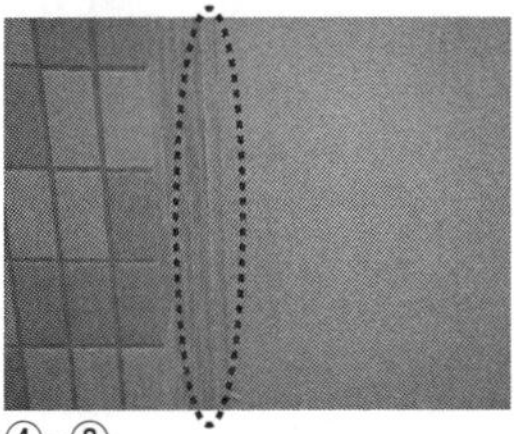

④−②

③コンクリートのコア抜き

画像は既存マンション調査で発見したコア抜き。配管が通っていますが孔に入れた鏡に映っている楕円状のシミ（囲み部分）のようなものは、切断された鉄筋です。耐力上の影響があるので補修の対象です。

④ー①図面の耐震スリット

耐震スリット（構造スリット）は、大きな地震が発生したときに建物の柱や梁などの構造躯体が破壊されるのを防ぐために、影響を与える壁などと縁を切る隙間や目地のことです。塗りつぶした「▲」（囲み部分）がスリット位置を示す記号です。図面と同じ位置にスリットがあるかどうか確認してください。もしも確認できない場合は非常に大きな問題ですので、すぐに専門家に調査を依頼しましょう。

④ー②外壁の耐震スリット

左側のタイル部分が柱、右側の吹付部分が壁です。境目の細い溝状のライン（囲み部分）が耐震スリット（構造スリット）です。

⑤

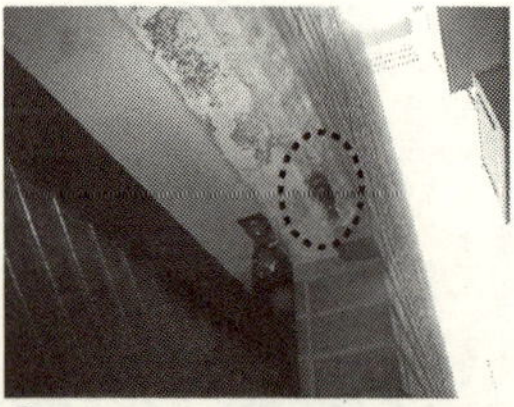
⑥

⑤クラックから錆び汁が出ていないか

写真はクラックが深くまで発生し、雨水等の水分が鉄筋に到達し錆が発生、その錆び汁がコンクリート表面に現れたと懸念されるケース。欠陥ではなく塗装劣化の場合もありますが、念のため調査を依頼しましょう。

⑥コンクリートかぶり厚不足による爆裂

⑤の状態が進行すると、錆びた鉄筋が膨張しコンクリートを破壊する爆裂が発生する危険があります。写真は既存マンション調査で発見した爆裂痕。◌で囲った部分が錆びて膨張した鉄筋です。特にコンクリートのかぶり厚が不足している部分のクラックから発生しやすくなります。

「床面のずれ」は、「パークシティLaLa横浜」のように建物が複数棟ある場合に注意してください。棟と棟が接合されている部分（エキスパンションといいます）は要注意。おもに共用廊下に多く見られます。

瑕疵が疑われるのは、その廊下の手すり壁上部にある金属製手すりの高さがずれるという現象です。テレビでよくある居室床にビー玉を転がすなどといったものはあくまで演出ですが、手すりのずれは建物が沈む沈下現象に起因するとまず疑ってください。

次に「クラックからの錆び汁」。これは、クラック部分から茶色の液体が流れ出ているように見える現象です。とはいえ鉄筋コンクリート造の場合、**コンクリートの乾燥収縮によって起きる軽微なクラックもあり、その場合は瑕疵には当たりません。**

ただし、このクラックの幅が広く、かつ深くまでひびが到達していた場合、雨水等の水分がコンクリート内部の鉄筋まで到達し鉄筋が錆びることによって起きます。内部の鉄筋が雨水等の影響で錆びるということは、構造耐力上の低下が進行しているということになりますので注意が必要です。

この現象が進行した場合、「爆裂」が発生します。爆裂が発生する場合は、そのほとんどが鉄筋に対するコンクリートのかぶり厚不足がもともと存在し、かぶり厚が不足しているがゆえにクラックが早く大きく進行して、内部の鉄筋を腐食させることがほとんどです。爆裂現象が発生すると、その部分のコンクリート片が落下しますが、その範囲が大きいとケガなどの人的被害も発生します。

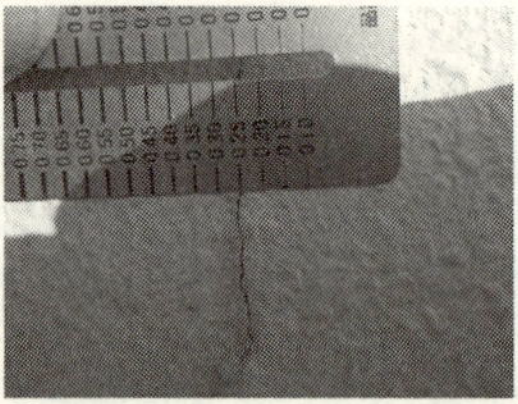
⑦

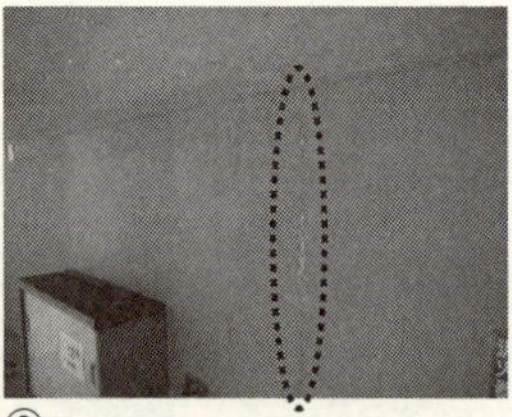
⑧

⑦軽微なクラック

写真のように0.3mm以下のクラックは乾燥収縮によるもので瑕疵の範囲外とされており、補修は必要ですが緊急性は低いです。

⑧何度補修しても改善されないエフロレッセンスには要注意

コンクリート軀体表面に発生する写真のような白い結晶の塊状のもの（囲み部分）がエフロレッセンス。緊急性は低いですが、何度補修しても改善されない場合は重大な瑕疵が隠れている可能性もあります。写真は天井スラブの防水処理不備によるエフロレッセンスで、防水処理を適切に補修しない限り発生を繰り返します。

こんな現象だったら心配なし

対して経年による劣化が原因とされる現象の代表的な例が軽微なクラック（画像⑦）とエフロレッセンス（画像⑧）です。

コンクリートは竣工時に完全に乾いているのではなく、徐々に乾燥していきます。その過程で発生するのが乾燥収縮クラックで、この現象はコンクリートの宿命といえるものです。品確法でも幅0・3ミリ以下のクラックは「瑕疵である可能性は低い」と規定されています。

また、エフロレッセンスはおもにクラック部に発生しますが、コンクリートのセメント成分の硬化で発生する水酸化石灰と、大気中の炭酸ガスが化合した炭酸カルシウムがその正体です。

補修を行えば改善されることが多いので、これも直ちに欠陥とはいえません。しかし何度補修しても改善が見られない場合（画像⑧）は、エフロレッセンスが発生している場所以外からの目視できない場所にあるクラックが原因の場合もありますので注意が必要です。

不幸にも欠陥が見つかったら……

万が一、「欠陥」と思われる部位が見つかった場合は、やはり専門家の出番です。不具合箇所を画像に収め、いつぐらいからその現象があったのかなど詳しい記録を残し管理組合に報告、理事会で検査の専門家に調査を依頼するよう強く要望しましょう。

そして調査結果で瑕疵が確認できた場合の売主との交渉は、あっさりと弁護士に任せたほうがよいでしょう。もちろん検査を行った専門家とタッグを組んで戦ってもらいましょう。

管理組合は「素人」の集団ですし、ゼネコンや設計事務所にお勤めの方がいらっしゃるかもしれませんが、あくまで「個人」です。対して交渉する相手は「組織」ですので、時間を取られることや精神的な負担を考えると、弁護士を立てることをおすすめします。

欠陥マンションで人生を棒に振らないためには、ここまでやる覚悟が必要ということです。マンションを購入するのであれば、何かあってもめげずに対処する心構えを。

そして、これまで述べてきたチェック事項を「面倒だ」と考えるのなら、まだブラックボックスを可視化しやすい「一戸建て」か「中古マンション」をお勧めします。一戸建ては建築物すべてが専有ですので、建築途中に購入者が構造躯体のチェックを行うことが可能ですし、中古マンションで大規模修繕工事を行ったマンションであれば、こうした不具合が確認され補修されている可能性があるからです。

これまで、最近問題が発覚した「パークシティＬａＬａ横浜」などの事例を検証してきました。普通に平穏な暮らしをしてきた日常が、ある日突然に壊れてしまう実例をおわかりいただけたのではないかと思います。

今後一切欠陥マンション問題が発生しないと言い切ることは残念ながらできません。高額な住宅ローンを組み、大切な家族とそこで暮らしていくのです。そうであるなら、覚悟を持ちましょう。

第五章

欠陥問題をなくすための処方箋

欧米のインスペクター制度に学べ

本書の最後に、マンションにまつわるさまざまな問題を解決するための処方箋について、建築検査の専門である私の経験から考えてみたいと思います。

検査を専門として行う職種のことを、アメリカでは「インスペクター」と呼びます。最近、国土交通省もこの名称を使用するようになりましたし、前述したように日本でもインスペクション会社が増えてきましたので聞いたことがある方もいるでしょう。

そもそも、「インスペクター」という職種があるのは、**欧米諸国では「人間はときに悪さをする」という前提で物事を考えているためです。**

経済もグローバルになり、外資系や外国企業と取引を行う企業も増えていますが、取り交わす「契約書」の内容が全然違うといわれています。

日本の契約書は、諸々項目はありますが条文数も少なく、発注者を「甲」、受注者を「乙」とすると、「この契約書に記載なき事項は、甲乙双方により協議を行う」という条文が必ず入っています。これは契約書で取り決めていないことは、お互いの話し合いで決めましょう、ということです。

対して欧米諸国は、日本人の感覚からいうと「これでもか」というぐらいあらゆることを想定して取り決めを行います。その文化の違いにより、設計者はアーキテクチャー、検査者はインスペクター（アメリカ）やコンプリーティッド・ビルディング・インスペクター（欧州）と職責を明確に分け、それぞれに強い責任を持たせています。

また、インスペクターにも区分があり、たとえばAというインスペクターは断熱工事のみを検査できる、Bというインスペクターは基礎配筋工事と断熱工事及び防水工事を検査することができる、という具合です。

さらには、インスペクターの検査に合格しなければ次工程に進めない制度になっており、インスペクターは何度でも是正を「命令」できる権限があります。日本とは比較にならないほど厳格なのです。これが欧米諸国で住宅の資産価値が下がらない要因であり、新築より中古住宅のほうが多く流通している理由でもあります。

対して日本は、法律上、建築士が非常に多くの職責を担うことができるようになっています。その結果、意匠（デザイン）設計はできるが、現場の検査はできない建築士であっても、工事監理者としての責務から現場検査を担っていたりします。工事監理は、設計図書通りに工事が行われているかをチェックする職務ですが、能力不足の建築士が担当すると、現場は悲惨です。施工不備に気づけず、品質確保が損なわれてしまうからです。「法律の不備」とはまさしくこのこと。建築業界だけでなく、お手本となるべき法曹業界でも弁護士が成年後見人制度を悪用し横領するなどの事件も発生しています。やはり「性善説」ではなく「性悪説」に立って法整備を行う時期が来ているのではないでしょうか。

国土交通省もこの点を重く見、昨年(2015年)5月、中古住宅の流通を促進するために「インスペクションの実施の有無」を重要事項説明書に記載するよう法改正を行う方針を発表しました。

しかしながら、「インスペクター」としての制度が明確に規定されていない段階で、こういった方針を決めるのは少し時期尚早のような気がします。まずは工事監理者(建築士)「責任」を厳格にするための法改正が必要でしょう。

私が考えるのは「専業化」です。やはり欧米諸国のように設計専業、工事監理専業に分けるのです。そして工事監理も「監理」と「検査」に分け、その業務内容と責任を明確にするのです。

その検査を行う「職責」、それがインスペクターなのかもしれませんが、中古だけではなく新築時にも導入すべきだと考えます。

ここが改善されない限り、同じことがまた繰り返されると思います。

あいまいすぎる建築基準法にメスを

「ザ・パークハウスグラン南青山高樹町」の施工ゼネコンである鹿島の建築部門は、「鹿島施工管理・工事監理ガイドライン」なるものを制定し、それに則って施工を進めるとしていましたが、とんでもないミスが発生してしまいました。これは、そのガイドラインの出発点が建築業界の「憲法」である「建築基準法」だからと言い換えることもできると思います。

そもそも建物、特に住宅には「トイレ」は必要でしょうか。「必要に決まっているじゃないか」とお叱りを受けるかもしれませんが、建築基準法にトイレは必要であるとの記載は存在しません。

建築基準法第31条に「便所」という項目がありますが、その内容は、「トイレを作るなら水洗にしなさい」程度の内容でしかありません。

また、住宅の欠陥の代表ともいえる雨漏りに至っては「屋根」の規定があるだけで、「雨漏りはダメ」との規定はないのです。「雨漏り」する建物なんか造るはずはないということだと思いますが、これが私が「性善説」という根拠です。

欠陥住宅問題が社会問題化したことを受けて、2000年に住宅の品質確保を目的にした「品確法」が施行され、「雨漏りは瑕疵」だと明確にしました。しかし、建築基準法と別建ての法律をつくるのではなく、「性悪説」に立ち、「屋根」の項目に「雨漏りをさせてはならない」と明記するくらいの改正が必要だったのではないかと思います。

余談になりますが、今年（2016年）1月に格安のバススキーツアーで、乗員乗客あわせ15名の方がお亡くなりになる事故が発生しました。多くの将来ある若い命が突然にその前途を絶たれたことは非常に残念で、私も子どもを持つ身、ご遺族の方の御心情を想うと本当に辛く悲しい気持ちになります。

規制緩和も大事なことだと思いますが、「緩和」してはならないこともあるのです。

今回のバス事故は、2000年に貸し切りバス事業を免許制から許可制に切り替えた「規制緩和」も一因と指摘されています。これにより事業者数が急増し、熾烈な価格競争のなかで行き過ぎたコスト削減が事故に発展したとの見方です。

規制緩和を行うなら緩和一辺倒ではなく、緩和していいものと逆に厳しくしたほうがいいものとがあるという視点が必要だと思いました。

建築基準法でも老朽化マンション建て替え促進のため容積率を緩和すると同時に、たとえば容積率を緩和した場合は避難経路を増やすとか免震構造に限定するとか……。

私は一介の検査屋ですし、検査することしかできません。霞が関の中央官庁にお勤めの方々、特に「キャリア」と呼ばれる優秀な方々に是非とも知恵を絞っていただきたいと思います。

品質重視のマンション選びチェックリスト

□ 最寄駅からは徒歩15分圏内か → 83p
□ 最寄駅は複数路線使用可能か → 83p
□ 将来にわたる周辺環境の変化は確認したか（公園隣接など）→ 84p
□ 敷地は、建ぺい率・容積率に余裕があるか → 84p
□ 修繕積立金は国土交通省のガイドラインに則しているか → 87p
□ 管理組合の運営は活発か。議事録を閲覧し確認したか → 91p
□ 物件広告の「建ぺい率・容積率」「立地・環境」「専有面積の広さ」「着工日・竣工日」は確認したか → 128p
□ 事業主（デベロッパー）の品質管理体制は確認したか → 111p
□ 事業主（デベロッパー）からのレポート等提出の有無は確認したか → 160p
□ デベロッパーとゼネコンの関係性は確認したか → 124p
□ 工期は標準工期以上か → 34p
□ 事業主（デベロッパー）及びゼネコンの資力は確認したか → 153p、163p
□ ゼネコンの品質管理体制は確認したか → 134p
□ 現場での検査時画像等の保管場所は確認したか → 165p

欠陥マンション診断チェックリスト

□ 売買契約書の「危険負担」欄は確認したか → 156p
□ パンフレットは保管してあるか → 157p
□ 瑕疵担保責任期間を確認したか → 154p
□ 重要事項説明書の「承諾事項」及び「契約解除」欄は確認したか → 157p
□ 管理組合の理事・理事長になる覚悟はあるか → 167p
□ 竣工書類関係のチェックを行ったか → 168p
□ コア抜きや耐震スリットの有無を確認したか → 170p、171p
□ 床面のずれはないか → 172p
□ クラック（ひび割れ）からの錆び汁はないか → 172p
□「爆裂」はないか → 173p

おわりに

私がこの仕事に従事しているのは、阪神淡路大震災が大きく影響しています。大震災当時は兵庫県尼崎に住んでおり、私も被災しました。

それまでは正直に申し上げて、建物の基本性能である構造、つまり「品質」の重要性について強い意識を持っていませんでした。しかし設計事務所から独立して内覧会同行を行うようになると、意識が少し変わってきました。ご依頼者から「欠陥かどうかわかりますか?」という質問を頂くのですが、それにきちんとお答えできない。自分は本当に消費者の役に立っているのだろうかと自問する日々が続きました。そんなときに被災経験を思い出し、建物、特に人が住まう住戸で最も重要なのは人命を守る耐震性や耐久性、つまり「品質」にほかならない――そう気づいたのです。

その後、検査業務専業になってから、もうすぐ13年の歳月が過ぎようとしています。そして阪神淡路大震災から21年が過ぎましたが、「この仕事をやってきてよかった」と実感しています。建築現場の「黒子」として、設計図書（構造図）通りに施工されているかどうか、学会配筋指針に整合するかどうか、それだけを確認する業務ですが、不備や見落としを見つけ是正することで確実に建物の品質は向上します。

こうした業務を通して、建物の品質向上に努める企業のお役に立てていることは誇りであり、それがひいては、エンドユーザーである一般消費者の「安心・安全」につながっていると思うと望外の喜びです。

「陰の存在に徹する」。私が大事にする生き方を表した言葉のうちのひとつです。

東日本大震災が起きた2011年に、地震に強い家づくりを提案した本（『地震に「強い家」に住む』日本経済新聞出版社）を執筆させていただきましたが、今回のように、建築業界がはらむ問題について真正面から著述することには、正直、大きな迷いがありました。

なぜなら、弊社に検査を委託されるのはおもにデベロッパーやゼネコンなどのいわゆる業界側であり、身内ともいえる建築業界の実態、つまり欠陥トラブルがなくならない理由を正面から述べることは、受注減など大きなリスクを抱えることになるからです。

しかし、弊社に検査を業務委託されるのは、心から欠陥や不備をなくそうと実直に努力されている企業だけです。本文中に「A社」として紹介しているゼネコンなど、その代表です。これからもそうした志高き企業とだけお付き合いしていきたい。それが私の偽らざる本音です。

何より検査業務を行っている者として「欠陥問題で苦しむ人を生まない」、そして、「日本から瑕疵のある建物をなくす」ことは究極の目標だと思っています。そのための一歩として、建築業界で起きていることのすべてを伝えるべきだ。それが消費者保護の一助になるのではないか。そう思い、本書の執筆を決めました。

『新築マンションは9割が欠陥』

センセーショナルなタイトルですが、「欠陥」とは、建物の安全性を大きく損なう構造躯体の欠陥だけではありません。たとえば断熱施工の不備で結露が発生し健康被害を受ける、といった場合も、「健康被害」が建築基準法第1条に定める「国民の生命、健康及び財産の保護」に違反する以上は、広義の「欠陥」だととらえ、このようなタイトルを採用することになりました。

この「おわりに」を書き始めた日も、耐震スリットの不備がある集合住宅の調査依頼をお受けしました。「広義の欠陥」は、残念ながら多くの建築物に存在しているのです。

この現実を多くの人に知っていただき、欠陥問題に巻き込まれることのないようにしていただきたい。心からそう願っています。

最後に、本書の最終確認を行っているときに、熊本県熊本地方を震源とした最大震度7の地震が発生しました。しかも同レベルの揺れが続けて襲ってくるという過去に例がない地震です。被害の全容は現時点ではまだ明らかになっていませんが、古い木造住宅だけではなく、築浅の木造住宅や鉄筋コンクリート造の集合住宅にも損壊被害が出ているという報道もあります。